老いた今だから

丹羽宇一郎

講談社現代新書

2740

はじめに――六〇歳からは「自由自在の人生」だ

今年、私は八五歳を迎えました。ですが、老後に飽き、倦むということはまったくありません。それどころか、時間はいくらあっても足りないくらいです。「老後が足りない！」なんて声高に言うと、なんで丹羽さんは老後も時間が足りないほど忙しいんですか？　と訊いてくる人が大勢います。

ことほどさように「定年後は毎日が日曜日だ」と思っている人は多いようです。

しかし、そもそも、日曜日が嬉しいのは、普段の仕事を離れて「ゆっくり、のんびり」を体験できるからです。仕事を完全にやめて、やりたいと思うこともなくボーッと過ごしていたら、そのうちに「毎日が日曜日」どころか、「今日は何曜日だったかな？」と曜日の感覚さえなくなり、持て余す時間の多さに辟易してしまうでしょう。

でも、安心してください。老後を過ごす人たちは心身ともに元気な人が多い。**健康の維持・管理に気をつけてさえいれば、定年後の生活スタイルのスイッチを、自分自身でいかようにも切り替えられます。**

継続雇用や再雇用で現職を続けるのもよし、派遣社員やフリーランスとして働きながら、若い頃に興味があったけれどできなかった勉強や趣味に挑戦するのもよし。

また、定年後は職場以外の新たなコミュニティに加わる機会も広がります。

地域の自治会活動やボランティア活動に参加して社会に貢献することもできるし、趣味や学びを介して同好の士とつながることもできる。自分の研究成果をＳＮＳで発信することも可能でしょう。

そうなれば、「老後に時間を持て余す」なんてあり得ないと思います。むしろ、「これじゃあ老後が何年あっても足りないぞ！」と、ワクワクするはずです。

一人でも多くの人がそうなり、充実した自由な人生を過ごしてほしいという思いで、私は筆をとっているんです。

日本では六五歳までの雇用確保の義務化が目前に迫り、そう遠くない将来には定年自体がなくなり「働けるうちはいつまでも働く時代」になることも予測されています。その意味で本書は、現役世代にとっても参考になること間違いありません。

この本で述べているのは、あくまでも私の経験や知見からとらえた現状です。人間の行動パターンにはそれぞれの個性があるので、私のやり方が合う人もいれば、そうでない人もいます。ですから、本書を読みながら興味をもったことは自分でさらに深く調べたり、今の自分の生活環境や体調などに応じて修正したりして、「自分がやるならこうしたほうがいい」ということを、あなた自身で自由自在に決め、行動に移していっていただきたいと思います。

今、老後の生きがいや終活について、メディアではいろいろと言われていますが、「皆が言っているから生きがいをもたなきゃいけない、皆がやっているから終活をしなきゃいけない」という考え方になると、生きていくのが苦しくなってしまうように思います。

もちろん自分の人生ですから、自分が納得するようにやってみる価値はあるでしょうが、「皆が」という言葉に惑わされてはいけません。

「皆とは誰のことなんです？　あなたは世界中の人を調べてそう言っているんですか？」

と、言い返せばいいのです。

だからといって、「自分はこう思っているから、家族や友人も皆、同じように思っているだろう」と、自分中心にものごとを考えて判断するのもよくありません。

見るもの、聞くものを自分のこととしてとらえ、関心のあることをもっと深く知るためにいろいろな情報を集め、そこからさらに考えて自分なりの見方をしていこうとするのが、本当の意味での「自分中心の考え方」です。そういう考え方をすることは、老後をよりよく生きていくためにも、非常に大事なことだと思います。

日本では歳をとることにマイナスイメージがありますが、そんなことはありません。

年齢を重ねるにつれて経験の数は増し、知識も増えていくので、的確な思考と判断ができるようになるし、人間関係の広がりや深みも増し、人格も円満に練られていきます。

世の中の変化に対応していこうという意欲や好奇心を失わず、日々の努力を続けていく限り、失うものよりも得るもののほうが圧倒的に多いはずです。

身体が欲する限り働き、読書や学びを通して知識を吸収していけば、生きがいは自然と見つかります。

老境に入ってからも「人生、これからだ！」と前向きにとらえて積極的に生き、楽しみも増やしていくために、私が八五歳を迎えた今だからこそ感じる日々の味わい方、愉しみ方をこの一冊に凝縮しました。

なお、本書の内容は筆者の信念であり現実の姿です。格好をつけるなど「虚」の事物はいっさいありません。恥も外聞もなく真実・信条のままであることを、あえてひとこと申しておきます。

目次

になる「睡眠の質」／毎日二〇分程度の散歩で体力低下を防ぐ／健康にいい歩数は人それぞれ

粗食こそが健康の秘訣

暴飲暴食で「余命一〇年」の宣告／煎り胡麻でタバコと決別／粗食に命を救われた／五〇代半ばからは規則正しい生活を／七〇代以降の健康は「まあまあ」と思えればベスト

第二章　身体はマイナスになる、でも頭はプラスにできる！

よく読み、よく書き、よく学ぶ

いくつになっても頭は鍛えられる／脳を生き生きとさせる三つの習慣

自由自在に本を読もう

読みたい本は自分で見つける／「考える読書」の勧め／好きな本を読みふける喜び／未知の世界を知り、人間に対する洞察と理解を深める

第三章　最大の悩み——定年退職後をどう生きるか——

第五章　人生の価値は最後に決まる

第一章　老いの変化を受け入れる

早朝散歩はこんなに楽しい

早朝散歩の醍醐味

春――。早朝の散歩は、じつに気分のいいものです。

日の出前の真っ暗なうちに起き出して、三〇分ほどかけて準備をし、一人で家を出る。

その頃には東の空がぼーっと明るくなってきますが、昨夜の月が西のほうにまだ白く残っていることもあります。「あ、満月だ」などと思いながら、お月様に向かって「グーテンモルゲン（おはよう）」と、声に出して挨拶します。周りには誰もいないので、その挨拶を聞く人もいません。

「イチニ、イチニ」とゆっくり歩いていくと、東の空の明るさが少し増してきますが、まだ太陽は顔を出しません。

私の散歩コースには、左右二車線の道路が走っています。ごく普通の道路ですが、きれいに整備されています。散歩コースにはゴミ一つ落ちていない。町をきれいにしようという意識の高まりから、今の日本にはそういうところが多いのではないかと思います。この道路の横には大小二つの公園があります。大きな公園には大木が多く、そこにいろいろな鳥が棲んでおり、ちょうど私が通りかかる頃に出てきて、お日様が顔を出すまで待てないとばかりに、「ギャー」とか「ギー」とか声を上げはじめます。その声を聞くのが楽しい。

カラスは夜明け前に巣から出ています。公園の脇を通ると、後ろのほうで「カァ、カァ」大小の声をあげ始めます。それで私も、「そうカァー」と言ってやります。その公園を過ぎると、もう一つ、小さな公園があります。ここには大きな木があまりないので鳥は鳴きません。公園の周りは住宅街で、私が通りかかるときに灯りはほとんど点いていない。たぶん、まだ寝ているんでしょう。

散歩コースの途中には、軽い上り坂の道があります。その坂道の上から、ふっと下を見ると、さっき歩いてきた二車線の道路が、ずっと先まできれいに見える。まだ日の出前なのでクルマの数は、ほぼゼロ。

そのうちに空が白々としてきて、周囲もだいぶ明るくなってくる。これがまた美しい。空が明るくなりはじめると、西のほうにある名残の月もいっそうきれいに見える。「今朝は雲が多いから見えないかな?」と思うときでも、雲と雲の間に月が浮かんでいるのが見えて、「あっ、晴れ間もあるんだ」とわかることもあります。

帰り際に、先ほどの大きな公園の横を通ると、小さな鳥たちも木の枝の上に出てくる。その鳥たちにも「おはよう」と声をかけて家に向かいます。

私が住んでいる神奈川県では、二〇二三年の夏至の日の出が四時二六分、日の入りは一九時。冬至の日の出が六時四七分、日の入りは一六時三三分でした。

お日様が顔を出すのは、ちょうど私が散歩を終えて家に帰り着く頃。早朝のこの地域の空は美しく、太陽が輝きを増すにつれて、濃い群青色から澄んだ青色へと変わっていく。そのさまに、「生きていてよかった」、この地域の人々に心から「ありがとう」と、声に出してしまいます。

若い頃から、私は海外に行ってもときどき朝の散歩をしていました。ニューヨークに駐在していた頃は、散歩中に人とすれ違うと、知らない同士でも「グッドモーニング」と挨拶したり、「ハーイ!」と声をかけあったりしたものです。

日本人はシャイなのか、散歩中にすれ違っても挨拶をする人はまれです。私が早朝散歩の途中で出会うのは、一人のときもあれば五人くらいのこともありますが、最初は皆、無言で通り過ぎていきました。

そこで、たまたますれ違った人にこちらから声をかけると、相手は頭だけ下げました。それを何日か続けているうちに、手を振って「おはようございます」と挨拶するようになるのです。しかも、友達に会うときの「オッス！」に近い言い方で……。嬉しいね。

早朝から駅のほうへ向かう働き盛りの男女も何人かいます。ずいぶん早起きだな。平日しか見かけないので、おそらく駅から一時間以上かかるところに職場があるのでしょう。以前はこちらから挨拶をしても無言でしたが、最近はニコッとして「おはよう」と言ってくれます。

子犬を胸に抱いた若い女性にも出会います。その女性は、以前は私が何度か声をかけてもひとことも返さなかったのですが、今ではお互いに「おはようございます」と挨拶を交わし、「相変わらずきれいないい犬だね」「ありがとうございます」などと会話もします。気持ちいい町だなぁ。

「ああ、この町に住んでいて幸せだ。こんなに素敵な景色と、人との出会いがある」

あなたの身近にもある「素晴らしい一日の始まり」

ニューヨークにいた頃の散歩には危険もともないました。東洋人が早朝に一人で散歩をしていると、どこで後ろから襲われるかわからないこともあり得たのです。

平社員の頃、中国南部の深圳（しんせん）に出張したときには、同行した課長から散歩を禁じられました。今でこそ、深圳は毎年さまざまな商品の見本市や展示会が開催されて世界中から何百万もの人が集まる経済都市ですが、私が出張した頃は開発途上の街でした。

「一人で朝の街を散歩したいのですが」と課長に言っても、「危険だからダメだ」「そんなことは無理だ」と許可してくれない。それで勝手に早起きしてホテルの外に出ると、大通りには誰も歩いておらず、交差点で牛乳か何かを売っている人がいるだけ。しかたないので裏道に入り、一人で全速力の駆けっこをしてホテルに戻ると課長に見つかってしまい、「どこで何をされるかわからんぞ。しかも許可なしで！」と、大目玉を食らいました。シンガポールやアフリカでも早朝に散歩をしましたが、どこも一人ではいきなり襲われる危険性があります。

その点、日本は本当に素晴らしい。日の出前の薄暗い道を私のような年寄りが一人でゆっくり歩いても安心。月の入りと日の出の両方が見られるし、公園の鳥たちと会話も楽しめる。私の経験から言って、これほど安全で自然に恵まれている国は、世界中で日本以外にありません。ことに私の散歩コースでは、すれ違うと皆が必ず「おはよう」と挨拶をするようになり、こんなにいい国はないと思うようになりました。

私の住む町は神奈川県内の某市にありますが、わざわざここまで来なくても、**皆さんが住んでいるそれぞれの地域に、私が感ずるようないいものが、きっとあるはずです。**意識して探さなくても、「この道を歩こう」「あの道を行ってみよう」と町を歩いていれば、「いいところだな」と身体で感ずるものがあるはずです。

私も、歩いていて自然とそういう場所を見つけました。清冽な早朝の冷気、月や太陽や空の美しさ、元気な鳥たちの声、知らない人とのささやかな会話などから、「こんなに素晴らしい一日の始まりがある。ここに生きていてよかったなあ」と、家での揉め事もすっかり忘れて町や人々に「ありがとう」で帰ります。

ぜひ、あなたもやってみてください。

朝の散歩がもたらす健康と心の平穏

私は二〇二四年一月で八五歳になりました。早朝の散歩を大切にしているのは、健康のためばかりではなく、この先の人生を夢と平和を失わず心穏やかに過ごしていきたい、という思いがあるからです。

誰もいないところを、小声で歌を口ずさみながら、あるいは、空を見上げてお月様やお日様に「ありがとうよ」と言ったり、鳥のさえずりに呼応して少しお喋りしたりしながら、ゆっくりと歩いていると、気持ちが落ち着くのです。

散歩から帰ってきたあとも、町に、社会に、ワイフに感謝の気持ちでいれば、家族やいろいろな人たちとの関係もなごやかなものになります。

私があと何年生きるかはわかりませんが、早朝散歩がもたらす精神の安定と健康のおかげで生活が平和になれば満足だ――。そんな気持ちです。読者の皆さんにも、ぜひそんな生活で穏やかにと望みます。

私がお勧めしたいのは、できれば通勤時間と重ならない、人通りの少ない時間帯を選んで散歩をすることです。春から秋にかけては、日の出前後の静かな時間帯が気持ちよく歩けます。冬の早朝は避け、昼頃歩きましょう。毎日が無理なら土日だけにするのでもかまいませんが、習慣にしないと三日で終わってしまいます。

定年退職後の年齢を考えると、朝起きてすぐに歩くと身体に大きな負担がかかります。昼間の散歩なら起床して三、四時間たっているので身体もほぐれているでしょうが、早朝に散歩をする場合には、起きたあと三〇分ほどウォーミングアップのつもりで身支度や軽い体操をして、身体を慣らしてから出発してください。私も首や肩や手足を少し動かし、「これで早朝でも歩けるな」と確認してから家を出ています。

加齢とともに、思うように動けない、腰や膝に痛みが走る、手足の指先がしびれる、といった身体の故障が続くようなら休むことです。気候の変化にも注意しながら、自分の力と相談してやってください。血圧の高い方や心臓に少し弱みのある方は、自分の気持ちの範囲内で、あるいは、必要ならば散歩を始める前に医師に相談して問題がないか確認しておくのもよいでしょう。

歩く時間は一五分か二〇分。六〇代の人でも、せいぜい三〇分ぐらいにしておきましょう。私の体験から言うと、定年後に朝から三〇分以上も歩くと健康な人でもかなり疲れ、身体にとってリスクが高くなると思います。

お年を召した方にお勧めしたいのは、家の近くをゆっくり、ゆっくり歩くことです。若い頃のように差し迫った必要があるわけではないし、歩幅が小さい人や、杖をついて歩く人もおられるでしょうから、自分の体力によって無理のない時間を自由に決め、「慎重に、少しずつ歩く」ことをやってみてください。

誰かとすれ違うときに「おはよう」と声をかければ、相手も必ず返事をするようになります。些細なことですが、毎日を気持ちよく過ごすには「自分から働きかける」ことも大事です。こうした散歩の楽しみ、自然が与えてくれる清々しさを体験すれば、家庭内に揉め事があっても、すーっと忘れてしまうほど気分がよくなるはずです。

私の闘病生活

病は突然やってくる

今の私は早朝の散歩を大切にしていますが、健康状態に問題がないわけではありません。高齢者の悩みのなかで常に上位にくるのは健康問題。「自分はまだまだ元気」と思っていても、若い頃と同じというわけにはいきません。

何の前触れもなく病に襲われることもあります。じつは、私もそうでした。

八〇歳になって半年ほど過ぎた二〇一九年の夏、職場の事務所を出て地下鉄の駅に向かって歩き出そうとしたとき、突然、足が一歩も前に出なくなってしまったのです。

しかたなく目の前を走るタクシーを呼び止めて帰宅し、友人に相談して最善の勧めの病院で受診したところ、「即入院」との宣告。中学三年のときに盲腸の手術をして以来の入院でした。

血液検査や画像検査の結果、担当の医師から告げられたのは、「リウマチ性多発筋痛症」という初めて耳にする病名でした。

リウマチ性多発筋痛症は、おもに首や腕、腰や太股のあたりに痛みやこわばりを感じる病気で、高齢者に発症することが多いといいます。関節リウマチと違って手指に症状が出ることは少ないのですが、痛みやこわばりのため身体に力が入りにくくなり、薬物治療でいったん症状が落ち着いても再発しやすいということです。

「この病気は、はっきりした原因がわかっていません。免疫機能が本来は攻撃するはずのない自分の身体の組織を攻撃する自己免疫疾患の一種だと考えられています。免疫機能が認知症をおこしたようなもの、とたとえればわかりやすいかもしれませんね」

医師からこのように説明されても、なかなか受け入れることができませんでした。それまで血圧や血糖値などはすべて正常で、過去に同級会があったときには「薬を飲んでいないのは俺だけだよ」と、ワイフに自慢していたくらいなんです。

すると医師はこう言いました。

「丹羽さん、この病気は、それまで薬を飲んだことのないような健康な人が突然発症することが多いんです。私の患者さんも、ほとんどはそういう方ですよ」

そんなことを聞いても何の薬にもなりません。これはもう、ドクターの言うとおりにするしかない。まさに「俎(まないた)の鯉」の心境でした。

入院生活と退院後の自宅療養

入院前の私は、毎朝三〇～四〇分間の散歩を欠かしたことがなく、「仕事が忙しいのに、そんなに歩くのは大変じゃないですか？」とよく言われましたが、散歩は長年の習慣なので、むしろ歩かないと体調がおかしくなってしまうほどでした。

そんな自分が、まさか突然歩けなくなるとは想像もしていませんでした。入院中の心身の変化も無視はできません。当初はアレもコレも失望で、医師の判断と自分の感覚とのギャップにも戸惑いました。

幸い、治療薬の効果が三～四日ほどで現れて、ほんの少し歩けるようになりました。

じっとしているとまた足が動かなくなってしまうかもしれないと思い、病院の中を歩きはじめましたが、あちこちウロウロ歩いていると他の患者や医師の迷惑になるので、「院内散歩」は自分の病室のある階だけにとどめなければなりませんでした。

病院の食事は、当然ながら患者の好き嫌いと関係ないおかずが出てきます。私は肉が好きではないので、肉料理が出ると全部残し、ほんのわずかな野菜を食べるだけ。食後には、決められた薬を必ず飲まなければいけない。

入院生活というのは、自由が利きません。せめてもの気晴らしに、病室に本を何冊か持ち込んで読むことにしました。「この本を読むために入院したんだ」と思えば、少しは救われます。お見舞いはいっさいお断りしました。読書という自由な時間を、お見舞いの対応で削られるのが惜しかったからです。

けれど、病棟は消灯時刻が早く、夕食後は満足に本が読めません。そもそも、病室では読書に集中できない。この病気は治るのか、退院後の生活はどうなるのか、先のことがまったくわからない状況では、本を読んでも内容がなかなか頭に入ってこないのです。何回も同じところを読み返しながら思うのは、「とにかく病気を治すことのほうが先だ」ということだけでした。

医師の変更もありましたが、こうして入院生活を終えた私は、少しずつ仕事を再開できるまでになりました。

ところが、二〇二〇年一一月にふたたび体調を崩し、そこに腰痛も加わりました。結局、翌二一年三月までの四ヵ月間、すべての仕事をキャンセルし、自宅療養を余儀なくされたのです。「しょうがないな、これも人生だ」と思うしかありませんでした。

薬を飲みはじめて学んだこと

その後、担当の医師が地方へ異動になったため、できる限り自宅に近い専門医に再度変更せざるを得なくなりました。

現在の私は、事務所を閉じ、本の執筆や雑誌のインタビュー、ミーティングをＺｏｏｍなどのＷｅｂ会議サービスを利用して自宅で行っています。

しかし、症状はまだ治まったわけではありません。

この病気の治療に使われるのはステロイド系の薬で、副作用がおきる可能性もあるため、二ヵ月に一度は必ず病院へ行って血液検査を受け、検査結果に応じて薬の量を調節してもらっています。

服用している薬は全部で七種類。しかも、毎日朝晩飲む薬、朝だけ飲めばいい薬、週に一度曜日を決めて飲む薬などがあり、複雑きわまりない。これまで何十年も薬と無縁で過ごしてきたのに、いきなり七種類もの薬を飲まなければならなくなり、私の頭の中はいつも薬のことでいっぱいです。

処方された薬はきちんと飲み続けていますが、血液検査の結果も、私の身体に出てくる症状も、ほとんど変わっていません。そのうえ、四ヵ月間の自宅療養で体力が急激に落ち、気持ちは前向きでも身体がついてこない。**こうした苛立ちから、「何のた**

めに俺は薬を飲んでいるんだろう」と思ってしまうこともあります。

このようなとき、同じ病気の人と情報交換するという方法もあるでしょうが、私の場合、同じ薬を同じ量、同じ頻度で飲んでいる人がいないので、話を聞いても参考になりそうもない。その点でも、もどかしさを感じる日々です。

このまま薬を飲み続けていいのか、減らすほうがいいのか。減らすとしたら、一回四錠飲んでいる薬を三錠にするのか、二錠にするのか、全部やめてしまうのか。選択肢はいろいろありますが、どれを選ぶかは難しい問題です。

たとえば、それまで四錠飲んでいた薬を、担当医と相談したうえで三錠に減らしてみたことがあります。すると、体調がちょっとよくなった。患者としては、「二錠にしたらもっとよくなるのでは」と思うのが人情です。私も医師にそう言いましたが、「それはどうなるかわかりません」という答えが返ってきました。

どんな病気にも言えることだと思いますが、症状が少し改善したからといって薬を減らしたり中止したりすると、かえって悪化してしまうことがあります。特に、私の場合は原因不明の病気なので、医師として「薬をどの程度まで減らしていい」と断言はできないと言うのです。

薬がすべての症状を改善するわけではない。どうやったら治るのか、医者でもわからない病気はある――。

薬を飲みはじめてからの私は、医師と薬の限界など、いろいろのことを学びました。

医師との信頼関係をどう築くか

病に苦しんでいる人のなかには、薬を服用しても効果がなかなか現れないことに耐えきれなくなって、自己判断で薬の服用をやめてしまったり、「もっといい医者がいるはずだ」と病院を何度も変えたりするケースが、少なからずあるようです。

素人判断で薬を勝手にやめるのは危険だと思いますが、「今のままで大丈夫なのか」と不安になる気持ちは、私にもよくわかります。病気をすれば誰でもそう思うでしょう。セカンドオピニオンを求めるのも、患者として当然の権利です。

けれど、私自身は、今の病院や医師を変えようとは思っていません。

私の担当医は、いわゆる「かかりつけ医」ではありませんが、初診から入院時にかけての病気に関する説明や、さまざまな発言から、「この人なら信頼できる。お任せして大丈夫だろう」と感じたからです。

今も二ヵ月に一度の検査の際、治療について医師から意見を聞き、こちらからも要望を率直に話すなどして、信頼関係を保っています。

もともと私は、「自分のことは自分で責任をもってやるしかない」という考え方で生きてきました。医師選びもそれと同じです。

医学の専門的なことは私にはわかりませんが、自分自身が「この人なら信頼できる」と感じるなら、それが自分にとってベストの医師だと思っています。仮に、その医師が判断を間違えたとしても、責める気にはなれないでしょう。

病院選びについては、「自宅の近隣にある」ことが大事だと思います。

高齢になると、通院は年に一日や二日ですむことではなくなりますし、体力が低下し、足腰も弱ってくるので、家から病院まで距離があると、とても通いきれません。

「やっぱり近くの病院じゃなきゃ続かないよな」

これが私の実感です。

歳をとってからの健康は「現状維持」が大事

今の私は、まだまだ回復途中ですが、ワイフの支えもあって何も不自由を感じることなく日常生活を送っています。日々の生活のなかで私が最も大事にしているのは、「現状維持」。健康状態を今より悪くしないことです。人間の健康状態を階段にたとえるなら、私たちは加齢とともに長い階段をステップダウンしていくことになります。

階段を逆戻りしようとする人もいますが、歳をとってからのステップアップには限界があるでしょう。むしろ、身体をさらに悪くして階段を転げ落ちてしまうようなことにもなりかねません。**それよりも、今のステップにできるだけ長く踏みとどまるように努力するほうがいい。**

そうすれば「年寄りの冷や水」的なことをしなくてすむので、周囲に迷惑をかけることもないし、自分自身もラクなはずです。また、「現状維持」によって、その先の階段の傾斜をできるだけ緩やかにすることも可能かもしれません。

次項からは、私が日々の生活のなかで「現状維持」のために大切にしていることを話していきます。健康に対する考え方は人それぞれですが、読者の皆さんにとって参考になる点もあるのではないかと思っています。

気候の変化に逆らわない

私の日記帳を二〇二三年一月から見てみると、起床するのは通常、午前五時から六時のあいだです。起床時刻は季節によって変わります。八月二四日からは日の出の前頃で、空に向かって明るく「おはよう！」と第一声。

起きて最初にやるのは、体温測定と、自分の部屋の中の温度と湿度がどれぐらいあるかを見て、日記帳に記録することです。

温度計と湿度計をただ漫然と見るのではなく、その値を日々記録していくと、室内の環境がどのくらいだと自分は活動しやすいのか、しだいにわかるようになります。

さらには、「朝からこんなに温度が高くては、今日は外で活動できないな」「こんなに空気がカラカラでは、目が乾いて読書がしづらいな」などと、自分がその日どれくらい活動できるか、ある程度予測できるようになります。

特に湿度は、高齢になるほど口や鼻の中の状態、目の乾き具合などに大きく影響してくるので、お年を召した方はしっかり記録しておくといいと思います。

私が室内の温度と湿度を記録しはじめたのは、二〇二三年一月七日からです。日記帳を見ると、二三年一月初旬の部屋の温度は一八度、湿度は三〇％前後です。

同年の六月二〇日は温度が二七度で湿度は七二%、七月二六日は温度が二八度で湿度は五八%。季節によって、部屋の中の温度や湿度はこれほど大きく変わるわけです。

冬の空気はカラカラの状態なので、加湿器で部屋の湿度を上げるようにしていますが、あまり効き目はありません。いくら自分でいい環境をつくろうと頑張っても、温度や湿度を完全に制御することは私たちにはできません。むしろ、その日の温度や湿度に合わせて、自分の行動を制御するほうが現実的です。

たとえば、二〇二三年の夏は記録的な猛暑でした。朝から室温が三〇度以上もあるような日に、家の外へ出て動き回ったら、若い人でも体調がおかしくなってしまいます。まして、高齢者にとっては自殺的行為です。

そんな日は、「しょうがないからエアコンや扇風機をかけて、部屋で本でも読むか」と、ゆったり構えていればいいんです。

「皆は暑くて動けないだろうが、俺は活動するぞ」などという気持ちを、私はいっさいもちません。そんな気持ちになったところで、しょせん人間のできることは、たかが知れている。自然環境にあらがうことで頭が冴えて鋭くなるという話は聞いたこともありません。**皆さんも無理をせず、猛暑や厳寒の日も自然体でいきましょう。**

今まで一生懸命働いてきたんです。そういうときこそ「年寄りの特権」を行使しようじゃありませんか。なんて言うと、「いつから年寄りになるんだ。誰が決めるんだ」ということになるかもしれません。それもまた面白いですがね。

医師の目の届かないところでも節制を

歳をとるにつれて、服用する薬の種類が増えていくことは多いと思います。どの薬をどれくらいの間隔で何錠飲むか、目薬はどういうときにさすか、ややこしく思っている人もいます。間違いのないよう、メモにして身近に置いている人もいるようです。

病院通いをしている高齢者は、病気の種類や度合いにもよりますが、起床時刻、起床時の体温、三度の食事は何時に何をどれくらい食べたか、薬は決められた量を決められた時間帯に飲んだか、などを記録するようにと医師から言われることがあります。

私はそこまでは要求されていませんが、参考までにと思い、やってみました。しかし結果は、「better than nothing（何もしないよりはマシ）」という程度です。

肝心なのは医師の目の届かないところで、どれだけきちんと生活しているかでしょう。昼間は医師の指導どおりの食事や薬の服用を実行している人が、夜になると好きなお酒を呑み過ぎたり、友達と遅くまで遊んだりするケースもあると耳にします。

これでは昼間の努力も元の木阿弥。医師の言うことなど実際には何もやっていないのと一緒ですね。「一病息災」で長生きしたいのなら、医師に報告しない部分でも節制を続けることが大事だと思います。

アタマとカラダを動かし、適度に眠る

「大人の自由研究」で頭を活性化

通常、私は朝食後から午前一一時半頃まで新聞や雑誌を読んだり、インターネットでいろいろなニュースを見たりします。世の中にあふれる情報には、「これは！」と

思うものもあれば、読むに値しないものもあり、玉石混淆ですが、最近は「石」のほうが多くなったな、と感じているのは私だけでしょうか。

それはともかく、仕事をリタイアしたあとも前職に関係のあるニュースに目がいく、という人は多いでしょう。私もそうで、関心があるのは日本や世界の政治経済。あとは、大リーグの大谷翔平選手が勝った、負けたというニュースがスポーツでは唯一で、日本の政界のもの以上に見ています。

ニュースを見ながら、大事だと思うことはメモしておきます。これは、私が若い頃にくらべて物忘れをしやすくなったからではありません。**人間とは、そもそも生まれながらに「忘れっぽい生き物」**だということを、過去の経験で痛感しているからです。

日々、メディアを通して入ってくる情報のうち、翌日になっても頭に残っているのは、何割かにすぎない。一週間もたてば、ほとんど残っていない。それくらい、私たちの頭は忘れやすい構造になっています。

ですから皆さんも、「ちょっと気になるな」と思うニュースがあれば、読むだけでなく、メモしておくとよいでしょう。

昼食後は、午前中に収集した情報のなかでも興味のあるものについて調べます。このときも、ただ調べるだけでなく、面白いことはメモしておくほうがよい。

それをあとで改めて整理し、レポート用紙何枚かにまとめます。メモだけでは時間がたつと何が書いてあるか読めなくなってしまうので、判読できるうちにできるだけ早くまとめ、重要な情報を残すようにしておく。

このように、自分が興味のある情報を集めて、さらに深く調べるという作業は、頭の健康維持のために非常に有効だと思います。夏休みにやった「自由研究」のようなものだと思い、気軽に始めたらいい。私は今は休みに関係なく毎日の日課にしており、場合によってはかなり長い時間を費やすこともあります。

かつては長時間座っていても腰痛など経験したこともなかったのですが、この年になると、同じ姿勢で座っていると筋肉が硬直して腰が痛くなってくる。そうなると、「ちょっと休むか」ということになり、そのままソファで寝てしまうこともあります。こうした時間のほかに、私は就寝前に三〇分ほど読書をすることが多いのです。

歳をとってからの読書や「学び」については、第二章で詳しく述べることにします。

その日の体調に合わせて軽い体操

午後六時半から七時頃に夕飯をとり、ひと休みします。

でも、そのあとの入浴が大変です。以前は、身体を洗うなど無意識でやっていましたが、今はちょっと身体を動かすだけであちこちが痛い。身体を洗うのは関節をものすごく動かす動作なのだと、この歳になって気づきました。

洗髪してシャワーで流すときも、へたに身体を動かすと痛くなるうえ、お湯が耳の中に入ってしまい、始末が悪い。

日常生活のなかで、「やはり若い頃とは身体が違ってくるんだなぁ」と実感することが本当に多くなりました。

それでも、運動は多少なりともしています。私の病気は、身体をある程度動かすことで筋肉のこわばりや痛みを軽減できるので、昼間の読書のあいまに、筋肉を伸ばすストレッチなど、自分流の軽い体操を三〇分ほどやっています。

もちろん無理はしません。その日の体調に合わせて、三〇分の体操を一五分にすることもありますし、「今日は動くのがきつい」と思うとやらないこともあります。

ることはできません。

歳をとると気になる「睡眠の質」

ベッドに入るのは、午後一〇時から一一時頃です。睡眠は、できるだけ七時間はとるようにしていますが、夜中にトイレに起きたりするので、朝までずっと眠り続けることはできません。

ちなみに、二〇二一年にOECD（経済協力開発機構）が三三ヵ国を対象に行った調査では日本人の一日の平均睡眠時間は七時間二二分で、三三ヵ国中最も短く、全体の平均である八時間二八分より一時間以上短かったと報告されています。

ただ、歳をとってからの睡眠は、時間が長ければいいというわけでもないようです。

厚生労働省が出している「良い目覚めは良い眠りから　知っているようで知らない睡眠のこと」というパンフレットには、「リタイア世代では8時間以上の睡眠を必要とする人は多くありません」と書かれているんです。

さらに、このパンフレットによれば、睡眠は、目覚めたときに「休養感」（しっかり休めたなという感覚）があることが重要だということです。

しかし、歳をとると夜中にトイレに行きたくなって、睡眠が中断されることが多くなる。私もそうですし、読者のなかにもそういう方が少なくないと思います。

人によっては、トイレに行くための動作に身体の痛みが伴う人もいるでしょう。私の場合、ベッドから降りるとき、身体の右側から降りるので、右腰が痛くなることがあります。どうしても降りる側に力が入ってしまうからです。

また、高齢者の睡眠は、若い人にくらべて、室内の温度や湿度により影響されやすいのではないかと思います。たとえば、私は夏場でも薄い布団をかぶって寝るので、すぐ汗びっしょりになってしまいます。こうなると、とてもじゃないが寝ていられない。自分では何もできないので、ワイフを起こして「いったいどうしたらいいかな」と相談し、着替えから何から全部やってもらわなければならず、非常に申し訳なく思っているのです。

そうかといって冷房を入れて寝ると、身体が痛くなったり、喉の調子がおかしくなったりするので、エアコンはつけません。窓を少し開けて寝るのですが、朝方の冷気にあたると寒くなってしまうこともあります。

個人差もあるでしょうが、目覚めたときの「しっかり休めたな」という感覚は、加齢とともに得にくくなるのではないか、というのが私の実感です。

それでも、**睡眠の質や時間について、私はあまり深刻にとらえていません。休養感が足りないときは昼寝をすればいい、五時間で目が覚めたときはベッドの上で身体を休めているだけでいいんだ**と思い、そうしています。

毎日二〇分程度の散歩で体力低下を防ぐ

私は社長になっても会長になっても、電車で通勤していました。足腰を鍛えるためではありません。部下たちは満員電車に乗って苦労して会社に来ているのに、自分だけ黒塗りの車で会社に来るのはよくないと思ったからです。

会合などに出席するときも、タクシーをほとんど使わず、電車と徒歩で移動していました。部下と同じように苦労して生活するほうが、経営者としてものを考えるうえでいい。いや、そういうふうに生活しないといかん、という気持ちでやっていました。

その頃の私は、ワイフから「あなたは速く歩きすぎよ。とてもじゃないけど一緒に歩きたくない」と言われるほど速歩でした。

七〇代半ばで自分のオフィスを持ってからも、胸を張り、風を切るようにして歩いていました。私よりひとまわり以上年下の男性が、「丹羽さんについていくのは大変ですよ」と、ぼやいていたくらいです。ところが今は、風を切るどころではない。速くなんか、とても歩けません。

歳をとってから一度歩けなくなると、身体が少しずつ回復してきても、以前のように歩くのは大変なのです。

今の病気になってからは、自分の体調や天候と相談しながら、家の近くを散歩しています。散歩時間は一五~二〇分で、元気な頃の半分です。それ以上は、遅く歩いても速く歩いても、身体のいろいろなところに影響するからです。

体力をこれ以上衰えさせないための散歩なので、速く歩く必要はないのですが、「前よりちょっと速く歩けるようになったかな」と思うと、やはり気分がいいものです。

ある日、それで気をよくした私は、欲張って小走りをしました。ところが、我が家のまわりは平らな道が少ないということを、うっかり忘れていた。ちょっとした坂道で蹴躓(けつまず)き、前のめりに転んで顔からバーンと地面に落ちてしまったんです。

おでこや顎をしたたか打ち、口の中を歯で切り、顔中血だらけになりました。そのときの傷跡は今も残っています。身体のあちこちにもダメージを受け、しばらくは家でおとなしくしているしかありませんでした。

この章の冒頭で述べたように、歩くときは一人です。

「次にまた同じようにひっくり返って起き上がれなくなったら、もう死ぬしかない」

若い人は大げさだと思うでしょうが、八〇代も半ばになると現実味を帯びた懸念です。そう思うとさすがに怖くなり、「あまり長く帰ってこなければ、近所を見に来てくれ」と、ワイフに頼んであります。

過信は禁物だと身に沁みたので、その日のコンディションによって歩く速さや距離を加減し、自分の実力以上のことをするのはやめました。

季節によって、散歩の時間帯も変えています。真夏の真っ昼間に歩くなんて、とんでもない。二〇二三年夏のような猛暑のなかでは、朝でも外で身体を動かすこと自体が危険なので、散歩は夜にしていました。

涼しくなってからの散歩は、早朝か夕方の六時頃。起き抜けだと手足が円滑に動かないので、前述したように早朝の場合は三〇分ほど軽く身体を動かしてから家を出ます。前の晩に本を読むのをなかなかやめられないと「寝不足だな」と思うこともありますが、散歩時間をずらすことはありません。散歩のあとには薬を飲んだり新聞を読んだりと、やることがたくさんあり、決めた時間にそれらをやりたいからです。

健康にいい歩数は人それぞれ

「散歩やウォーキングで健康を維持するには、一日一万歩が必要」と、以前から言われてきました。

しかし、最近では、一日五〇〇〇歩未満でも効果があると言われています。

二〇二三年夏、ポーランドの医科大学の研究チームが、欧州心臓病学会発行の医学誌に、「一日に四〇〇〇歩程度を歩くと、歩かない場合に比べて、あらゆる原因による死亡リスクが減少しはじめる」との研究結果を発表したと報じられました。

その記事には、「歩けば歩くほど効果は上がる」「効果が頭打ちになる歩数の上限は不明」といったことも書かれていました。

一方、散歩を習慣にしている私の知人は、「あまり歩きすぎると、足以外の筋肉によくない影響を及ぼす可能性がある」と言っています。

つまるところ、どのくらい歩けばいいかは人による、ということでしょう。歩くフォームは人それぞれで違うので、同じ歩数を歩いても、膝や腰が痛くなってしまう人もいれば、なんともない人もいます。同じ人間が同じ歩数を同じスピードで歩いても、その日の体調によっては、身体のどこかが故障してしまうことがあります。

やみくもにたくさん歩けばいい、速く歩けばいい、というものではなく、自分の体調と相談するほうが安全ですね。

それを踏まえたうえで、皆さんにも散歩を楽しんでいただきたいと思います。くれぐれも、私のように自分の力を過信して転倒するようなことのないよう願っています。

粗食こそが健康の秘訣

暴飲暴食で「余命一〇年」の宣告

私は若い頃から食事にはとても気を遣ってきました。きっかけは、ニューヨーク赴任中の三五歳のとき、「余命一〇年」の宣告を医師から受けたことです。

当時の私は、揚げ物食べ放題、お酒呑み放題という日々を送っていました。仕事の付き合いで、取引先がいろいろとごちそうしてくれたんです。その結果、今まで着ていたスーツが着られなくなるほど太ってしまいました。じつに不健康な太り方でした。

そんなある日、みぞおちのあたりがチクチク痛みだし、病院に行ったところ、

「コレステロールと中性脂肪の値が標準値の八倍もありますね。あなた、今の生活を続けていたら命が一〇年もつかどうかわかりませんよ」

と、医師から言われたのです。

その頃、私たち夫婦には次女が生まれたばかりでした。一〇年後、次女はまだ小学生。そこで死ぬわけにはいかん。まだまだやりたいこともあります。

「これは大変だ。せめてこの子が二〇歳になるまでは、なんとかして生きていなきゃ」

そこから私は食生活を変えました。お酒と炭水化物の摂取は控えめにして、野菜と豆類を中心にした食事をとる。魚は食べるが、タコ、イカ、貝類はいっさい食べない（当時はコレステロール値が高くなるので避けるほうがいいと言われていました）。肉類は、たまに鶏肉を食べる程度にする。これらを徹底し、さらに、

「身体にいいものはおいしい。身体に悪いものはまずい」

と、自己暗示をかけました。

余談ですが、大谷翔平選手も、身体づくりや健康維持のために食生活を徹底的に管理しています。大谷選手は卵料理が大好きで、日本でプレーしていた頃、「ゆで卵を一日に一六個食べる」と報じられたほど。渡米してからは、オムレツ中心の食事だったそうです。しかし、血液検査で自分の体質に合う食材、合わない食材を調べてもらったところ、卵は合わない食材だとわかり、「卵断ち」を敢行。一時は卵料理をほと

んど食べなかったそうです。また、グルテンを含まない食事（グルテンフリー）を基本としているといいます。

おそらく大谷選手には、無理をして食べたいものを我慢している、という意識はないと思います。「野球選手として、より高いステージに行く」という目的のためには、必要な栄養とそうでない栄養を見極め、必要でないものは避けるのが当たり前、という思考なのでしょう。

私の目的は「健康な身体を取り戻すこと」でしたが、食事に対する考え方は似ているかな、と感じました。

煎り胡麻でタバコと決別

食生活を変えたとき、私はタバコもすっぱりやめました。

「僕はもうタバコをやめる」

ニューヨーク事務所の人たちにそう宣言すると、彼らは口々に「絶対にできっこない」と言います。そこで、賭けをすることにしました。

「僕が一ヵ月タバコを吸わなかったら、きみたちからお金を取る。もし吸ったら、僕がきみたちにお金を払う」

「オフィスで禁煙しても、家では吸うんじゃない？」

「家で吸うぐらいならオフィスでも吸うよ。吸わないと決めたら絶対に吸うもんか」

一ヵ月後、私は賭けに勝ちました。皆からお金を集めると、残っていたタバコを一本だけくゆらせました。それが最後のタバコで、以来、一度も吸ったことはありません。


ただ、タバコをやめてしばらくのあいだは、やはり口が寂しい。そこで、煎り胡麻を小さなケースに入れ、背広のポケットにしのばせて持ち歩き、ときどき口に入れて嚙みしめました。口寂しさを胡麻でゴマかしたわけです。

「丹羽さんがそばに来ると胡麻の匂いがする」

と、よく言われました。


胡麻にはカルシウム、マグネシウム、鉄などのミネラルや食物繊維、ビタミン類、葉酸などが豊富に含まれているそうです。当時の私は、そんなことは知りませんでしたが、胡麻が身体にいい食品だということは昔から耳にしていました。

身体にいいうえ、胡麻は煎ると香ばしくておいしい。それを食べてタバコと縁が切れたのですから、一石三鳥だったことになります。

粗食に命を救われた

野菜中心の食生活に変え、タバコをやめ、処方された薬もきちんと飲み続けた結果、コレステロールと中性脂肪の数値は一年で正常になり、体重も元に戻りました。

「こんなに簡単によくなるものなんですね。もう元の生活に戻してもいいですか」

調子に乗って医師に訊くと、おおいに叱られました。

「バカなことを言うもんじゃない。一生涯、今の食生活を続けるんです。元の生活に戻したら、すぐにまた悪くなりますよ」

以来、野菜と豆類（豆腐、湯葉など）を中心に食べています。私はビーガン（完全菜食主義者）ではありませんが、日々の食事の内容は、それに近いと言っていいでしょう。おやつには甘いものをいっさい食べず、煎餅を一枚か二枚。それにミネラルウォーターか日本茶を飲むだけです。

もともと好きだったお酒だけは断つわけにいかず、四〇代の頃までかなり呑みましたが、加齢とともに酒量は減っていきました。ただ家に残っている高級ワインには未練があり、「俺もいよいよダメだなと思ったら、そのときに一本開けようか」などと考えていた時期もあります。その後、数十年かけて、すべての酒類と決別しました。これについてはお話ししたいことが山ほどありますが、ひとことで言えば「死ぬ思いでの断酒」でした。今の病を患ってからは、お酒を呑みたいとも思いません。

朝食は、野菜・パン・牛乳、バナナを一本食べる程度。果物は好きです。

私の歯は全部自前で、状態は中学時代以来完璧です。それゆえ歯の具合には平常から注意をし、昼食と夕食は自分でしっかり噛んで飲み込めるメニューにしてもらっています。いわゆる「粗食」ですが、どんなに贅沢な料理よりもおいしい。わざわざ外で食べる必要を感じないので、コロナ禍以降はよほどのことがない限り外食をしていません。

経団連の第四代会長を務めた土光敏夫（どこうとしお）さん（一八九六〜一九八八）も、「粗食」の人でした。土光さんは、第一次オイルショック後の日本経済の安定化や国際化に辣腕を振るい、一九八〇年代初頭に第二次臨時行政調査会会長として行財政改革に取り組んだ方です。当時、土光さんの日常生活を紹介するテレビ番組が放映されたことがあります。そのなかに出てきた土光夫妻のある日の夕食は、玄米のご飯と味噌汁、おかずは焼いたメザシと野菜の煮物だけ。一汁二菜の質素な食事は大きな話題になりました。いつもメザシと菜っ葉ばかり食べていたわけではないでしょうが、土光さんが晩年まで元気に仕事をし、九一歳の長寿をまっとうしたことは事実です。

そもそも、**人間は毎日贅沢な食事をしようとは思わないし、高価な食事で健康になれるわけでもない**のです。

五〇代半ばからは規則正しい生活を

これまで述べてきた私の日常生活は、働き盛りの四〇代の方々には、まだピンとこないかもしれません。

仕事に忙殺されているのに、毎日決まった時刻に寝起きして散歩を日課にするなんて、そんな規則正しい生活はできないよ、と思う人もいるでしょう。

私自身、四〇代の頃は、そんな優等生的な生活はしていません。夜遅くまで会社の先輩や同僚と呑み歩き、朝はお酒のにおいをさせながら起き出すこともたびたびでした。

自分の生活をある程度きちんとしようという気になったのは、五〇代の半ば頃からです。その頃、常務取締役になり、「病気で入院したり休んだりすると、会社や部下に迷惑をかけてしまう」と思い、散歩を日課にしました。

五九歳で社長になってからは、「自分の身体は会社のためにある。少なくとも社長をしているあいだは、健康を害して人様に迷惑をかけないようにしよう」と思い定め、規則正しい生活を続けました。

今の自分が、病気を抱えながらも仕事を再開し、日々の読書や勉強を楽しめるのは、そういう積み重ねがあったからなのか。それとも、もっと自由奔放にやっていたほうが元気だったのか。それは私にもわかりません。

ただ日本でも、二〇二五年四月から六五歳までの雇用確保が義務づけられることを考えると、五〇代半ばから定年までの一〇年ほどは、健康に留意して、できるだけ規則正しい生活をするほうがよさそうです。

規則正しい生活は味も素っ気もなく、残念なことも多々あるとは思いますが、勤め人としての最後の一〇年間を周囲に迷惑をかけずにまっとうするという意味でも、定年後の健康な生活と再就職への準備という意味でも、とても大事です。それもまた、味のある人生の一時期と言えます。

とはいえ、健康を保つための生活改善というのは難しいものです。

リサーチ会社のマイボイスコムが、二〇二一年一〇月に実施した「第六回　健康意識に関するアンケート調査」（対象者は一〇代から七〇代の男女、回答者数九九八五名）の結果では、「健康維持のために改善したいこと」のトップは「運動不足」で四五・七％、「睡眠の量や質」が二〇％台でした。

一方、「健康の維持・増進のために必要だができていないこと」のトップ5は、①ウォーキング・ジョギング②スポーツ③甘いものを控える④食べ過ぎない⑤十分に睡眠をとる、でした。「やらなくちゃ」と思っていても、なかなかできないのが生活改善だということが、この調査結果からもわかります。

言うは易く行うは難しであるがゆえにこそ、五五歳を一つの契機として、

「よし、今日から朝は△時に起きて、散歩を△分間するぞ！」

というぐらいの気持ちで進みましょう。

私が早朝散歩をお勧めするのも、朝なら日中と違っていろいろな用事に影響されず、毎日規則正しく行えるからです。途中でやめたり、サボったりすることができないよう、一定のルールで朝の散歩を継続することによって、生活全般で怠惰に走るこ

とがなくなると思います。

もちろん私は、「どんな悪条件でも歩け」と言っているのではありません。**風や雨が強い日は、散歩に出かけるかどうか自分で判断すればいい。雨の日に傘をさしてまでやる必要はない**と思っています。眠いのに朝きちっと起きて歩くのは大変だということも、経験上、よくわかっています。

私が言いたいのは、「どんなときでもやるぞ」という強い気持ちが根底にないと、何かを習慣づけるのは難しい、ということです。

五〇代の方々は、そのあたりを意識しながら、自分なりに健康にいいと思うことを、できる範囲から始めてみてはいかがでしょうか。

七〇代以降の健康は「まあまあ」と思えればベスト

「日本のシニア世代の多くは、七〇代半ばから緩やかに〝健康自立度〟が低下していきます。この低下のタイミングを遅らせることが重要です」と言うのは、ニッセイ基礎研究所上席研究員の前田展弘さん。ジェロントロジー（Gerontology）の研究を約二〇年間続け、東京大学高齢社会総合研究機構のメンバーとしても活動されています。

ジェロントロジーは、ギリシャ語で「高齢者」を意味する“Geront”に「学」を表す“ology”が付いた造語で、日本では「老年学」「加齢学」「高齢社会総合研究学」などと訳されています。加齢にともなう心身の変化を研究し、高齢社会における個人と社会のさまざまな課題の解決を目指す、比較的新しい学問です。

図1はその研究成果の一つで、日本の高齢者約六〇〇〇人（同一対象者）を二〇年間にわたり追跡調査し、健康状態（特に生活の自立度＝健康自立度）の高さを三点（完全に自立した状態）〜零点（死亡）に数値化したうえで、歳をとると健康状態がどのように変化するかを分析した結果です。

これを見ると、男性の約二割、女性の約一割は、六〇歳を過ぎてガクンと健康状態が低下しています。多くの場合、生活習慣病に起因しているということです。

七〇代半ば頃から緩やかに健康自立度が低下していく人の割合は、男性が約七割、女性は約九割で、多数派を占めています。**男女とも、健康自立度が落ちるタイミングをできるだけ後ろにずらすことが肝心**ですね。

また、男性には八〇歳以上になっても元気溌剌の「スーパーシニア」が約一割いますが、女性の場合は少ない。これは女性は男性に比べて骨筋力が弱く、運動機能（足

**図1　自立度の変化パターン
全国高齢者20年の追跡調査（5715名を対象）**

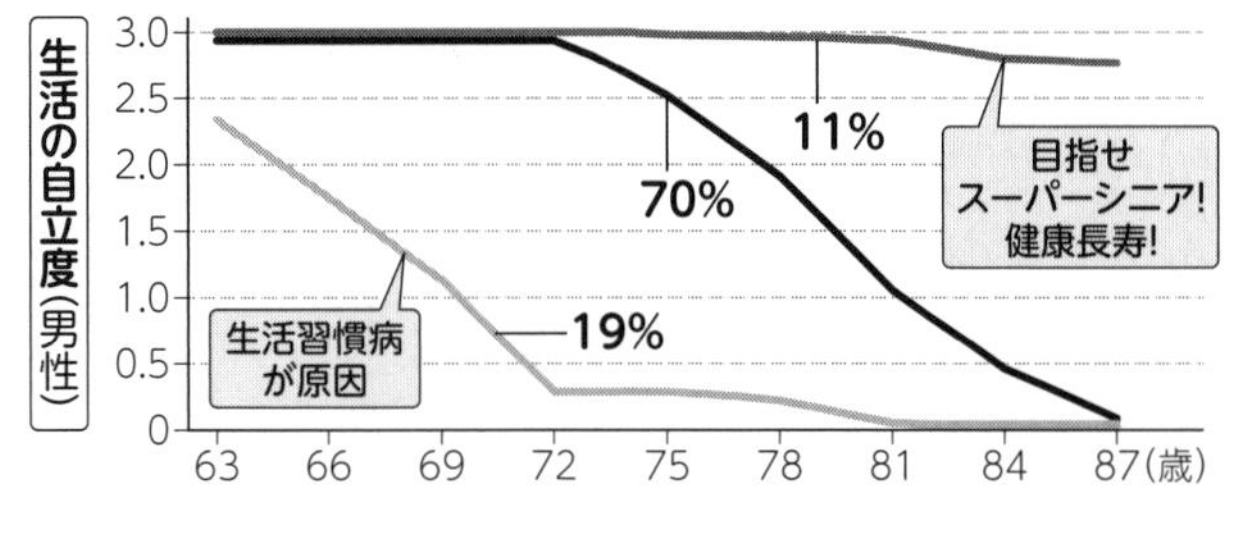

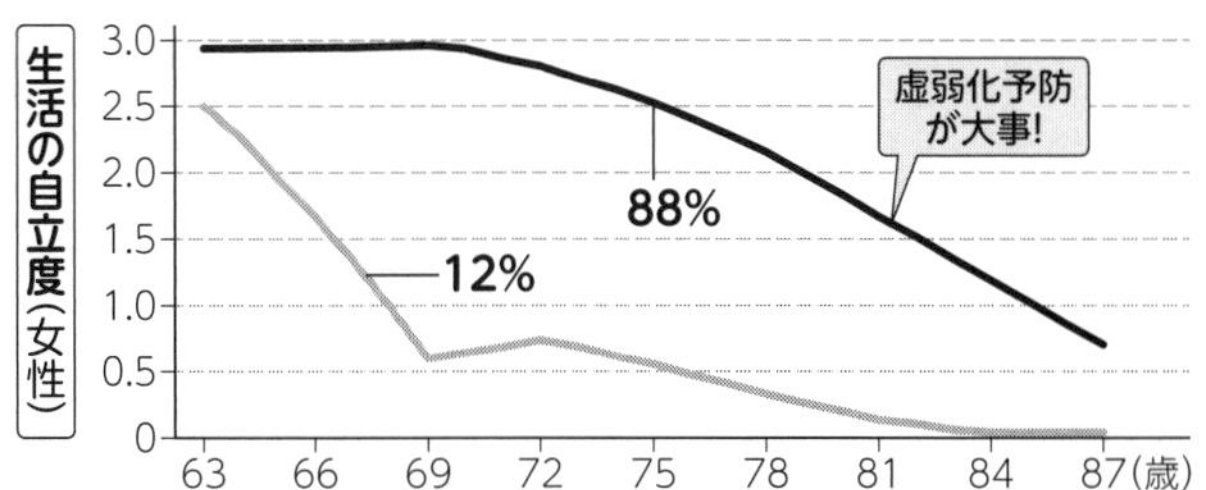

資料：秋山弘子「長寿時代の科学と社会の構想」『科学』岩波書店、2010を基に作成

腰の機能）が下がってしまうからだそうで、「女性は五〇歳を過ぎたら足腰を鍛えて、移動能力をできるだけ低下させないことが非常に重要」（前田さん）とのことです。

健康長寿の延伸には、適正な睡眠・食事・運動などの基本的な生活習慣のほかに、外出頻度、他者との交流頻度や会話の量、生きがいや自立意欲の強さ、精神的自立（依存や不安のない状態）、円滑な人間関係、趣味の多さ、自信の強さ、社会参加の頻度などが影響するという研究結果が、国内外には多数存在します。

特に、高齢期における社会性の維持は、フレイル（低栄養や筋力の衰えによる顕著な虚弱状態）や認知症の予防にとって、きわめて重要だとされています。

また、「令和五年版高齢社会白書」（内閣府）によれば、健康状態が「良い」と回答した人ほど、生きがいを感じる程度が高くなっており、健康状態と生きがいには非常に強い相関関係があることがうかがえます。

とはいえ、七〇代、八〇代の方たちは、「今日は腰の調子はいいが、膝に違和感がある」「予想もしなかったところが痛くなった」といったことが多くなっていると思います。どんな人でも老いは避けられないのですから、加齢にともなうこうした身体の変調は、受け入れるしかありません。私自身もそうでした。

「老いを受け入れる」とは、「今の自分を肯定する」ということです。けっしてネガティブにとらえる必要はありません。

「これまでの長い人生、自分は本当によく頑張ってきたな。この歳になれば、身体のどこかに不調があっても当然だ。これ以上悪くしないために、どうすればいいだろう」

と考えるほうが、老いに抵抗してジタバタするより、よほど前向きな気持ちになれるのではないでしょうか。

要するに、「健康状態が維持できれば十分。今日の調子はまあまあかなと思えればベスト」ということ。まさに、今の私そのものです。

第二章　身体はマイナスになる、でも頭はプラスにできる！

よく読み、よく書き、よく学ぶ

いくつになっても頭は鍛えられる

「歳をとっていいことなんて何もない」

多くの高齢者の皆さんが口にする言葉です。

実際、若い頃に比べれば、肉体的にはできないことのほうが多くなります。身体の衰えはメンタルに影響するので、あれもできない、これもできないとなると気力も萎え、「いいことなんて何もない」と不幸な気持ちになっていく——。確かに、そういうことはあるかもしれません。

しかし、**本当にいいことが一つもないなんてありえません。老いて身体は衰えようとも、頭を衰えさせないことはできそうです。**

たとえば、加齢とともに目が悪くなってきた人でも、読書は楽しめます。出版社ではそういう人たちのために、大活字本や耳で聴くオーディオ書籍を出していますし、電子書籍なら自分の見やすい大きさに文字を拡大することだってできる。時代とともに読書のしかたも多様化しています。

また、体調の関係で思うように外出できない人でも、Ｗｅｂ会議ツールなどを使ったオンライン勉強会に参加すれば、自宅にいながら関心のあるテーマをより深く学んだり、共通の趣味について仲間と語り合ったりすることも可能です。

コロナ禍以来、こうした勉強会に参加する高齢者は増えているようです。

リタイア後も勉強を続けていきたいが一人では難しいという人にとって、オンライン勉強会はモチベーションを保つきっかけになるでしょう。仕事を完全にやめたあとの生活は単調になりがちなので、気分転換の一つとしても有効です。

何より、相手の顔を見ながら意見を交換したり、自分の研究成果を発表したりすることは、脳へのとてもよい刺激になるはずです。

「できない」ではなく「できる」ことに目を向ければ、いつまでも、とはいかなくても、多少歳をとっても生きる喜びはたくさんあるし、脳の衰えを防ぐことも可能になるでしょう。

脳を生き生きとさせる三つの習慣

脳を衰えさせないために私がやっているのは、**読書、日記、日々の情報収集**の三つです。

読書は子供の頃からの習慣です。会社員になってからは、通勤時間も読書タイムでした。埼玉県の大宮に住んでいた頃、上野駅から東北本線の終電に乗って酒を呑みながら本を読んでいるうちに眠ってしまい、目が覚めたら福島県の白河駅。しばらくすると駅の構内は真っ暗になり本も読めない。しかたないので、朝まで駅の待合室で体操をしたりしていたことがあります。

九年間のニューヨーク駐在から帰国して家を持つときは、通勤電車での読書時間を長くしたくて、わざわざ郊外の始発駅のそばを選び、不動産屋に「変人」だと思われました。

帰宅後も、どんなに疲れていようが寝る前に必ず三〇分は本を読みました。私の会社員人生は「本と親友だった」と言えるかもしれません。八五を過ぎた今は別ですが、それまでは寝る前に少なくとも一時間ぐらい本を読むようにしていました。

日記は四〇代からつけていましたが、「絶対に毎日欠かさず書こう」と決めたのは、散歩と同様に五〇代半ば頃からです。三〇年以上過ぎた今も、それは続けています。

日々の情報収集も若い頃からの習慣です。自宅で仕事をするようになった今、「情報収集と気になるテーマの追究」を日課にしていることは、第一章でも触れました。「私流・脳の健康法」とも言えるこれら三つの習慣について、もう少しお話しすることにします。

自由自在に本を読もう

読みたい本は自分で見つける

いろいろな人と話をしていると、本の話題になることがあります。

「若いうちにこれだけは読んでおけという本はありますか？」と訊かれたり、定年退職後に読書三昧の生活をしようと思っている方から、「どういう本がお勧めですか？」と質問されたりもします。そういうとき、私はこう答えます。

「そんな本はありません。**あなたが面白そうだと思う本を読めばいいんですよ**」

相手は一瞬、「えっ⁉」という顔をします。「この本は絶対に面白い」「ためになる必読書だよ」といった答えを期待していたのでしょう。

しかしながら、人の価値観は、年齢や立場、考え方や感じ方によって違います。

私が面白いと思う本でも、ほかの人にとっては面白くもなんともないかもしれない。その逆に、皆が「いい本だ」と評価していても、私にとっては「これのどこが？」と思うような本かもしれない。ですから、この本がいいとか悪いとかは言えないのです。

私自身は、誰かから勧められて読むのではなく、そのときに読んでいる本のなかから、次に読みたいと思う本を探しています。

たとえば、今読んでいる本を「これは面白い、自分にとって必要な本だ」と思ったら、巻末に並んでいる参考文献のなかから面白そうなものを探したり、類書をあたったりします。あるいは、本文のなかに「これについては○○という本に詳しく書かれている」といった記述があれば、その本を探す。いろんなやり方があります。

そうやって次に読みたい本が決まったら、すぐに書店へ注文するか買いに行きます。そうでないと忘れてしまうこともあるし、本によっては絶版になってしまうかもしれないので、読みたい本は即座に手に入れておくべきだと思います。書店に売っていなければ、古本屋へ行って買う。それが私の唯一の趣味でもあるのです。

こうして本を手に入れたら、すぐに読みはじめます。私は基本的に「積ん読」をしません。いずれ読もうと思っているうちに、あとから買った本がどんどん増えていき、結局は読まないで終わってしまう可能性が高いからです。

読書に限らず何事も、やりたいと思ったことは今やらないと、次にやることが「積ん積ん読読」になるだけです。歳をとると身体の状態は上より下になるし、パートナーの病気や死などで生活環境が大きく変わる場合もある。やりたいことに突き進もうとしても、足が重くなる一方となるのが普通です。

三〇代、四〇代の頃には、仕事上の必要から読まなければならない本も出てきます。自分の将来を邪魔するようなこともおこり、読書をしていて「これは自分が求めていた本だ」と嬉しくなったりする時間も見失いかねません。また、誰かが「いいよ」と言った本を買ってみたがハズレだった、ということで本を選ぶ感覚が弱くなるものです。

五〇代になったら、人の勧めや世間の評判に関係なく、自分の趣味に合う本、「これはよさそうだぞ」と思える本だけを読むことにしましょう。

そして、六〇代、七〇代になったら、本を読むごとに、次に読みたいと思う本を一冊、探してみるのはどうでしょうか。その繰り返しによって、関心のあるテーマをどんどん掘り下げていくのもいいでしょうし、興味ある別のテーマへとさらに読書の範囲を広げていくのも楽しいものです。

「考える読書」の勧め

「趣味は読書です」と言う人はたくさんいますが、「あなたは何のために読書をするのですか?」という問いに対する答えは千差万別です。

小説を読んでゲラゲラ笑ったり涙を流したりすれば満足、という人もいれば、これから自分がやろうとしている仕事に何らかのヒントを得るため、という人もいます。

何かの研究テーマについて書くために本を読む人、人生の幅を広げるために読書をする人、なかにはただの時間潰しで本を読む人もいるでしょう。

本を読む理由や目的は人それぞれで違って当然ですが、私自身は、読んでいるうちに考えを養えると思っています。著者が言うことをそのまま受け身で読むのではなく、ところどころで「なぜ?」「どうして?」と立ち止まる。それにより「考える力」が磨かれます。ひとことで言えば「読書に熱中」。それを私は大切にしています。

シニア世代の方々は、すでにこれまでの人生でいろんな力を培ってきているでしょう。その力を維持し、さらに鍛えていくには、さらなる読書です。

といっても、無理をして哲学書のような堅い本だけを読む必要はありません。小説でも「考える力」は鍛えられます。

たとえば、司馬遼太郎の歴史小説に登場する勝海舟、坂本龍馬、西郷隆盛などの人間像は、司馬が関連する膨大な史料や本を徹底して読み込んでいくなかで、自身の願望や理想、イメージを入れてつくりあげたものです。つまり、史実とフィクションがないまぜになったものと言えます。

読者は、作者の人物造形の発想や工夫を楽しむ一方で、「司馬はなぜこの人物を取り上げたのか?」「主人公をこんなふうに描いているが、本当にそうだったのか?」「司馬はこの小説を書くことで何を伝えたかったのだろう?」など、いろいろなことを考えます。さらには、その人物や時代についてもっと詳しく知りたくなり、関連する本を読んでみようと思ったりもする。これこそが「読書」です。

一方、トルストイやドストエフスキーの作品はフィクションですが、彼らが生きた時代のことが色濃く描かれています。そこから、当時のロシアがいかに貧しかったか、社会がどういう状況にあったか、人々がどんな思いを抱えて生きていたか、といったことに思いを馳せる。まさに「考える読書」になることでしょう。

「考える力」を高めてくれるのは、政治、経済など社会科学系の本だけではありません。現実とは関係ないと思われている創作の世界においても、人間とはいかなる生き物なのか、歴史はどのようにつくられるのか、際限なく次々と考えることは現れるでしょう。

好きな本を読みふける喜び

六〇代前半の頃、私は仕事を引退してからじっくり読もうと思って、二五冊の本を一気に買いました。完結まで二七年の歳月を要して岩波書店から刊行された『大航海時代叢書』全四二巻のうち、当時書店で手に入れることのできた二五冊です。

この叢書は、一五世紀から一七世紀初めの大航海時代に、西欧人が未知の土地を求めて世界中を船で探検した記録です。

コロンブスやヴァスコ・ダ・ガマやマゼランの航海記録、西アフリカ航海の記録、東方諸国記や東方案内記、シナ大王国誌、フィリピン諸島誌、インカ皇統記、メキシコ征服記、インディアス史、日本王国記、ザビエルのあと日本へキリスト教の布教にやってきたルイス・フロイスによる日欧文化比較など、当時の航海記、探検記、見聞録、民族史がほぼ網羅されています。当時の生の記録は、とても興味深いものばかりです。

ただ、巻によっては七〇〇ページ以上もある大部のシリーズなので、手に取る人はそう多くはありません。それが私の心に、「皆が読まないような本を読んでやれ!」と火をつけた。私はこれらの本を本棚に並べ、腰を据えて読むのを楽しみにしていました。

図らずも、第一章で述べたように病気をして自宅で過ごすようになり、その機会が訪れたのです。

体調がよくないのは困ったものですが、好きな時間に好きなだけ、これらの本を読むことができる。それまで心のなかにあった「読まずに終わってしまうのではないか」という焦りも消え、そのあとに読む本を考えようという夢のような気持ちになってきました。

『大航海時代叢書』の情報量は凄まじく、昔のような就寝前三〇分の読書では生きているあいだにとても読み切れません。そこで、一日に一、二時間はこの本と向き合うようにしましたが、とても続きません。

加齢とともに集中力は落ち、読んでいて眠たくなることもありますが、それでも読むのをやめません。面白くなってくると自然と集中力も高まり、「あと少し、あと少し」と読み進め、一晩で適宜すっ飛ばし一〇〇ページくらい読んだこともあります。

文字が細かいので目も疲れます。これ以上読み続けたらもっと目を悪くすると医師に言われたら、読むのを諦めざるを得ません。

だからこそ、読めるうちに読んでおきたい。この貴重な時間を読書に使わなければ生きる甲斐もないと思い、自分の身体と相談しつつ、できるだけ急いで読み進めようとしています。

「死ぬまでに読破したい。読み終わったときが死ぬときだ」と思っていましたが、要所だけを読んだり、なかには「本当かな？」と思うような記述もあるのでそういうところは飛ばして進んだり、時間によってはえいやっと一気に終わりに突き進んだりして、自分でも驚くほど速いペースで読み進めています。

「いよいよ俺も最期が近づいてきたかな」と冗談で言っていましたが、今や、「もっと本を読めると夢見ている」と、神様に伝えているのです。

未知の世界を知り、人間に対する洞察と理解を深める

現役時代は仕事に関係する本ばかり読んできたという方は、**リタイアを機に、これまで手に取ったことのない未知のジャンルの本に挑戦してみるといい**と思います。

それにより、視野や思考の範囲がぐんと広がり、想像力が鍛えられ、人間に対する洞察と理解も深まっていくはずです。今すぐ何かの役に立たなくても、長い目で見たら自分を成長させてくれる読書です。

私が『大航海時代叢書』を読み始めたのは、現在につながる世界がどのようにして形成されてきたのか、人間がどのような環境で生活してきたのかがわかり、当時の社会を知ることができると思ったからです。

当時の西欧人は、未知の大陸にどのように進出したのか？　初めて現地の人たちと出会ったとき、何を考えたのか？　通訳のいない地域も多かったはずなのに、いかにして彼らと交渉したのか？　あるいは、どのように現地の人々と戦い、捕らえたり殺したりしたのか？　奴隷売買はどのように行われたのか？

それらの土地の人々は、西欧人が進出してくる前にはどういう生活をしていたのか？　どんな言葉を話し、どういうものを食べていたのか？　婚姻や子育ての形態はどのようなものだったのか？　それらの土地は、今、どういう国々になっているのか？　西欧諸国とのどういう関係のなかで「国」をつくりあげていったのか？

ポルトガルやスペインの宣教師たちは、日本へキリスト教の布教に来た際、どうやって日本人のなかに入っていったのか？　日本人についてどう感じ、それを母国の修道会にどう報告したのか？

そういうことを知りたくて読み進むうちに、二つのことが心に深く刻まれて残りました。

一つは、「人間という生き物は、いつの時代にも変わらないな」ということです。

大航海時代の西欧人は、新大陸を自国のものにするために、現地の支配者以上に重い暴力によって人々を服従させ、贈り物で懐柔したりもしました。人間の欲望には際限がない。今の世界と何が違うのか。これからもいろいろなかたちで殺し合う。人間のやることはいろんな面で変わらないだろう、との思いも頭をよぎります。

心に刻まれたもう一つは、「人間は環境に応じて、じつに凄まじいことをしながら生き延びてきた」ということです。

新大陸をめざした西欧人たちは、赤道直下を航行するとき、飲み水は底をつき、食料は腐って食べられなかった。海の水は飲めないので、死ぬ直前になれば、最後は自分たちの尿を飲んでまで渇きをしのいだのも必然でした。

そうしてようやく目的の地に上陸しても、仲間が次々と原住民に殺され、命からがらその土地から逃げ去ることもありました。他方で、彼らは南北アメリカ大陸の植民地開発のために膨大な数のアフリカ黒人を奴隷にし、捕らえられた黒人たちは、アフリカ西部の海岸から積み荷のように船に押し込まれ、新大陸へと運ばれました。

また、西欧人が到達した土地には、女性を家畜のように扱い虐待する部族もいました。一夫多妻の部族もありました。出会った女性はすべて自分の妻にする。そこへほかの男がやってきて女性の奪い合いになり、相手を殺してしまうこともあります。

気候条件が悪くて食料を満足に得られないため、食べ物を求めて移動を繰り返す部族もいました。たらふく食べていそうな人たちを襲って殺し、食物を奪うわけです。なかには人を殺して食べてしまう部族もいました。現代人の感覚では信じられないようなことが、各地でおこっていたのです。

こうした記録を読むと、人間の思考や行動は、気候や周囲の環境から影響を受けることがわかります。自分の命が危ないとなれば、どんなことをしてでも生き延びようとする。人間とは、ひょっとすると今も、心底はそういう生き物なのかもしれません。

本を読んで心を耕そう

読書で心のシワを増やす

『大航海時代叢書』を読むと、世界がこれから先どうなっていくのか、考えざるを得ません。二一世紀に生きる我々も、環境が変われば、大航海時代の人々と同じように凄まじいことをして生き延びようとするかもしれない。そのとき世界はどうなるのだろうか。

今、地球温暖化に起因する干魃や大洪水によって、食料不足に陥っている国や地域がたくさんあります。島嶼（とうしょ）国では海面上昇による国土の水没が進み、沿岸部の集落を内陸部へ移動させている国もあります。

地球温暖化による自然災害のために住んでいた土地を離れざるを得ない人々は、「気候難民」と呼ばれます。今後さらに増えると予測されている「気候難民」を積極的に受け入れる国が、はたしてあるのだろうか——。そう考えると暗然とした気持ちになります。

日本が「気候難民」のためにできることは何なのか。将来的には、日本の沿岸地域も海面上昇による被害を受けるかもしれない——。そんなことも頭に浮かぶものです。

このように、本を読んでいると、心に刻まれた内容が今の自分を取り巻く環境とリンクして、社会全般や人間に対する見方に影響を与え、洞察が深まることがあります。

また、心に響いた言葉がそれまでの自分の体験と結びつき、初めて「こういうことなのか」と腑に落ちることもあります。それまで単なる知識にすぎなかった本のなかの言葉は、そこで知恵に変わります。

こうして得た洞察力や知恵を、私は「心のシワ」と呼んでいます。

肉体のシワは歳をとれば誰でも自然と増えますが、**心のシワの数は人生経験や読書量によって人それぞれに違ってきます。**最近は「アンチエイジング」と称する若返り健康法がもてはやされていますが、心のシワはできるだけ多いほうがいい。

心にシワが多い人ほど、広い視野でものごとを見たり、人と向き合ったりすることができます。**つまり、心のシワの数だけ、より深い人生を生きられるのです。**

実用にも役立つ本からの「書き写しノート」

本を読んでいて心に引っかかる箇所があると、私は次のことをして記憶にとどめておくようにしています。

まず、本を読みながら、「ここは重要だ、覚えておこう」と思った箇所、印象的な言葉、興味深いデータなどに、線を引いたり丸印を付けたりして、そのとき感じたこと、思ったことを余白に書き込んでおきます。

そして後日、それらの書き込みを見直し、いいと思うものをノートに書き写して整理します。一冊読むたびにこの作業をするので、読んだあとまでけっこう大変ですが、重要なことは書き留めておかないと、とてもじゃないけど記憶に残しておけません。

この「書き写しノート」は四〇年ほど前から始めました。

最近の私の「書き写しノート」には、やはり『大航海時代叢書』を読んで印象に残った言葉が多くなっています。

たとえば、台湾島の名前の由来です。現在、台湾島には、「フォルモサ（Formosa、音訳で福爾摩沙）」という別称があり、欧米諸国などでもこの別称が使われることがあります。「フォルモサ」は、「美しい」という意味のポルトガル語です。

一六世紀半ば、ポルトガルの船が初めて台湾島沖を航行したとき、島の山々や森林の美しさに感動した航海士が、「Ilha Formosa（美しい島）」と呼んだ。それが西欧人のあいだでこの島の呼び名になったということが、『大航海時代叢書』に書かれています。

また、この本には、ある地域の子供たちが「アモ、アモ、アモ」、大人は「イヤ、イヤ、イヤ」と叫んでいたということも出てきます。非常に印象的な言葉なので、これもノートに書き留めました。面白半分みたいなものですね。

「書き写しノート」を読み返すと、たまに発見もあります。新たに書き写しをしているとき、ついでに他のページをめくってみると、「これと反対のことを、この著者は言っている」「この事象とこの事象を比較したら面白いかもしれない」といった気付きがあるのです。私はそれらを講演の素材にしたこともありました。

「書き写しノート」を続けるコツは、あまり几帳面に形を整えようとしないことです。きっちり書こうとすると面倒になって長続きしません。人に見せるものではないのですから、乱雑でも続けるほうがいい。「ちょっと抜けたところがあるほうが健全だ」というぐらいの気持ちで自分なりのやり方を考えれば、負担にならないと思います。

ただ、「書き写しノート」は冊数が多ければよいというものでもなく、長い目で見れば何の役に立つ気もしなくなってきて、大半はなくなっていきます。書物のように保存するのは物理的にも不可能ですから、こうした「ノート」は次々と行き場をなくしていくのが必定です。

多読にこだわらなくていい

読書家のなかには、自分は年に一〇〇冊以上読んでいるとか、これまでに数千冊読んだとか、誇らしげに冊数を語る人がたまにいます。

しかし、そういう人を単純に「すごい」と思わないほうがいい。ひとことで「多読」といっても、本の内容や読み方によって意味合いは違ってくるからです。


私は、多読することだけがよいとは思っていません。若い人に対しては、

「できるだけたくさん本を読むほうが、得られる知識は多くなり、視野も広がるだろう」

とアドバイスしますが、人生経験を重ねてきたシニア世代の方々に言うのは、

「冊数にこだわって読書をする必要はありません」

なぜなら、**人生の持ち時間は決まっている**からです。


私自身にも言えることですが、これから先の時間には限りがあるのだから、本当に

読みたい本だけ読むしかないのです。

その意味では、手にする本をみな精読する必要もありません。本によっては飛ばし読みでかまわないものもあるでしょうし、必然の精読というものもあります。どういう読み方をするかは、本の内容に応じて自分で決めればいいのです。

理解できない本にはさっさと見切りをつける

読んでいてつまらない本、繰り返し読んでも頭に入ってこない本は、それ以上読むのは時間の浪費。「せっかく買ったのだから最後まで読み切ろう」などとは読書家の言うことではありません。

かく言う私も、若い頃にはそういう「潔い」本の読み方をしていませんでした。

学生時代、『善の研究』などで知られる哲学者の西田幾多郎の本を読んだことがあります。「仏教思想と西洋哲学の融合を試みた、日本を代表する独創的な哲学者」という評価が頭にあるものだから、きっとすごいことが書いてあるに違いないと思っていました。

しかし、なかなか理解できない。二度も三度も読み直しましたが、そのたびにすぐ眠くなってしまうんです。結局、途中で読むのをやめてしまった。当時の私は、理解できないのは自分の頭が悪いせいだと思っていました。

しかしその後、多くの本に接し、人生経験も積むうちに、考え方が変わりました。

いくら読んでも理解できないような本は、読み手にわかりやすく伝える技術と配慮が足りないのではないか。書き手自身の理解力を疑う、自分の書いたものが他人の目にどう映るか考える、という客観的な視点や想像力も欠けているのではないか――と。

こう考えるようになってからは、無理して読み通すことをやめる本もあります。

もちろん、読み手の理解力が及ばないことはままあるので、何でもかんでも「わからないのは書き手が悪いからだ」と決めつけるつもりはありません。

しかし総じて言えば、ある程度の読書経験がある人がいくら読んでも理解できない場合、著者や翻訳者に問題があることも多いものです。

歳を重ねるにつれて読める本の数は限られてくるのだから、時間がもったいない。評判の本だからといって無理して付き合うことはありません。

心をスッキリさせる読書法

読書で感情を解き放つ

私は「笑いをなくした男」です。

学生時代には小説を読んで笑ったり、涙を流したりすることもありましたが、会社に入ってから手にするのは経済や政治の本ばかりでした。その手の本で読むべきものは山ほどあり、小説を読んでいる暇などない。「俺も恋愛して結婚したわけだから、もう恋愛小説なんて読みたくもねえや」と、当時の私は思っていました。

政治経済の本に笑うような要素は何もありません。そのうちに私は、会社でも家でも「笑い」という言葉とほとんど無縁になってしまいました。

こうした経験から言えば、もし、あなたがいつも堅い内容の本ばかり読んでいるなら、やわらかい本も読んでみるといいでしょう。

人間の感情は一方向に偏ることがあります。脳みそを使う読書で理性ばかりを働かせるのではなく、**たまには違うジャンルの本を手にして爆笑したり、涙を流したり、マンガ本やエロ本を読むのも良い**ことと感じます。

話は少し脇道にそれますが、私は七〇代になって、たくさんの企業のトップの人を誘って「笑い」を取り戻しました。

当時、仕事でお会いしていた経済界の方々は、私と同様あまり笑わず、会議のときもむずかしい顔で話をしていました。そこで、自分自身への反省も込めて、

「やはり人間は笑うことを知らないとだめだ。どこか笑えるところへ行ってみようよ」

と提案して希望者を募り、新宿にある吉本興業の常設劇場「ルミネ the よしもと」へ経営者たちと出かけたんです。全員がクルマではなく電車で行くという、この手の集まりでは初の条件です。

すると皆、漫才やコントに大爆笑。なかには「こんなに笑ったのは初めてだよ」と言う人もいました。大好評だったので、二回目は大阪の「なんばグランド花月」に都合のつく人で出かけました。いずれも先方の招待ではなく自腹とさせていただいたのは当然です。

この会は二回で終わりましたが、こうした体験は間違いなく心に新鮮な感情をもたらしました。読者の皆さんも、年に二回か三回は家族や友人と一緒に寄席や劇場へ出かけてみてください。

映画を観て泣いたり笑ったりするのもいいでしょう。映画館へ行くのが億劫でも、テレビやＹｏｕＴｕｂｅで楽しめます。ニューヨークに赴任していた頃の私がよく観たのは西部劇。スクリーンの幕が開いたとたんに大きな画像が目の前に現れ、ダダーンと鉄砲の撃ち合いが始まってドキッとする。ものすごく面白くて、一人で映画館に行くこともありました。

スポーツが好きな方は、テレビ観戦で贔屓の選手やチームを夢中で応援するのも、感情をいいかたちで動かしてくれるはずです。

劇場に足を運んで笑いを取り戻した私ですが、今は元の木阿弥で、本を読む時間がもったいなくて、なかなか出かけられません。

ただ、『大航海時代叢書』を読んでいると、ふだんはほとんど泣いたりしない私の目に、たまに涙が浮かぶことがあります。この本には、虐待されている女性たちが助け出される際の記述や、彼女たちを助けて窮地に陥った人を皆で救うときの記述など、涙を誘うシーンもけっこうあるのです。

このように、ふだん自分があまり出さない種類の感情を刺激してくれるのも、読書の効用の一つと言えるかもしれません。

死ぬまで読書、死んでも読書

あちこちに出かけていろんな世界を見てみたい、たくさんの人に会って何かを学び取りたいという意欲のあるシニアは多いと思います。しかし、体調の問題から自分一人では外出できなくなったり、お金の面で難しくなったりすると、外に出て行くのがだんだん億劫になるのも現実のようです。

では、どうするか。本を読めばいいんです。それも、日本だけでなく世界各国の本を読むことをお勧めします。そうすれば、時空を超えてアリストテレスや孔子があなたの先生になり、ダンテやゲーテや魯迅が友達になる。世界を相手に対話し、世界中から学べます。

読んでいて「おおっ！」と驚くこともあるでしょうし、「日本人とはずいぶん考え方が違うな」と思うこともあるでしょう。自分の周囲からは得られないことを、世界の人々から得られるわけです。日本人からだけでは、得られるものはたかが知れています。

「読書を通して世界中の人から、あらゆることについて学びたい」と、若き日の私は思っていました。八〇代半ばになった今も、その気持ちは変わりません。

読書をやめたら成長がそこで止まってしまう。本を失ったら、人間の視野は限られたものになってしまう。そう思っているからです。

死ぬまで世界中のいろいろな本を読んで、世界の人たちと対話をしたい。いや、できれば死んでからもそうしたい――。

「死ぬまで読書、死んでも読書だ！」

と、私はこれまでいろいろなところで話してきました。

それは、けっして人に強制するようなものではなく、自分自身を鼓舞する言葉です。

書籍や資料の処分法

家にある蔵書や仕事で使っていた資料について、「上手に処分したいのだが、愛着があってなかなかうまくいかない」という声を聞くことがあります。

その気持ちは私もよくわかりますが、後生大事に保管していても、自分が死んだときには家族が処分に困ります。

本というものは関心がなければ、もらってもただの紙束ですし、よほどの稀少本でない限り、古本屋に行っても二束三文にしかなりません。どうしても手元に残して読み返したい数冊と、家族が「読んでみたい」と言うものだけ残せば十分ではないでしょうか。

仕事の資料は、家業などで必要なもの以外は処分し、散逸させたくないものは信頼できる人に託すといいと思います。その仕分けはあなたにしかできないのですから、自分で処理できなくなる前にやってしまうことが大事です。

私も、古い仕事の資料や本を読み返す時間などないと割り切り、淡々と処分しています。

仕事の資料は、アメリカの農業問題や中国関係、ビジネス関係の新聞記事や雑誌記事、書籍などが大きな段ボール箱五、六箱になっていました。それらを自分で仕分けし、必要ないものは捨てて、本当に大事なものだけを多少残しています。

大学時代から読んでいた経済誌は、アメリカ駐在時代も日本から取り寄せ、半世紀以上読み続けてきました。バックナンバーが全部揃っているので捨てるのはもったいないと思い、近所の古本屋に持って行ったのですが、秤で量って「いくら」と、非常に安い値を言われました。

さすがにこれには「量り売りで二束三文とは何事だ」と腹が立ちましたが、持って帰っても置く場所がない。神田の古本屋に持って行けば高く売れたと思いますが、それも面倒くさいので、泣く泣くその店に量り売りとしました。

雑誌以外の読み終えた本は、以前は自宅の書棚に縦横に立てたり積んだりして押し込むように入れていて、その重みで床が割れるんじゃないかと思うほどでした。

それらの本のうち、レーニンやマルクス、毛沢東の全集、日本共産党の政治論集、アメリカの関連本などは、七〇代前半に駐中国大使を務めていた頃、日本から大使館経由で送ってもらい、いずれは日本大使館の図書室に寄贈しようと考えていました。

しかし、北京外国語大学から「ぜひ譲っていただきたい」と請われ、「中国の人々のお役に立つのなら」と、ほとんどすべてをこの大学の北京日本学研究センターに寄贈しました。同センターが設けてくれた「丹羽文庫」というコーナーに、私の蔵書が保存されています。

蔵書を捨てるにしのびないという方は、近隣の公立や私設の図書館、学校、福祉施設などに、寄贈を打診してみるのもいいと思います。私の知る限りでは、よほど特別な本でないと今は受領する施設はないようですが、もし受け入れてもらえれば、新たな読み手の役に立つかもしれません。

いくつになってもワクワクするために

日記は明日をよりよく生きるための記録

読書の際の「書き写しノート」とは別に、私は日記を二種類つけています。

一つは一〇年日記です。四〇代半ば頃から始めて、かれこれ四〇年間、熱があっても眠くても、帰宅したらその日のうちに机に向かい、毎日欠かさず書いています。就寝前の読書と同様、寝る前にそれをしないと、一日をしめくくった気持ちになれません。

一〇年日記帳は、毎年同じ日付の記録を一〇年分、一ページに書き記すもので、B5サイズで横書き、ページごとに一月一日から一二月三一日までの日付が印刷されているものが一般的です。

そのページに、一年目、二年目……と、順にその日の行動や出来事を書いていく。たとえば今日が二〇二四年四月一日で、一年目の欄にその日の出来事を書いているとすれば、来年の同じ日には同じページを開き、二年目の欄にその日の出来事を書くわけです。一日分の記録を書き込めるスペースは六行程度しかありませんが、一ページごとに一〇年分の記録なので、日記帳全体の厚さはちょっとした単行本一冊くらいになります。

私は以前、二〇年日記帳を使っていたこともありますが、今は二〇一八年から二〇二七年までの一〇年日記帳を使っています。

その前の二〇〇八年から二〇一七年の一〇年日記を繰ると、「二〇〇八年五月三一日　今日はスポーツクラブが修理で休みだ」と書いてある。私は当時、帝国ホテルのなかにある事務所で仕事をしていました。スポーツクラブというのは、帝国ホテル内にある宿泊客専用のフィットネスセンターとプールやサウナ室のことです。この日はそこの改修工事をやっていて落ち着かなかったのか、「一時的に私も仕事を休んでゆっくりし、終日、『ビジネスウィーク』など経済誌を読んだ」と書いています。

二〇一〇年に就任した中国大使を依願退官して日本に帰国したのは二〇一二年末。翌一三年六月三〇日の欄を見ると、中華商会という中国の経済団体の副会長を招待して会っていることがわかります。

さらに社長時代に遡ると、二〇〇二年七月八日には「経団連幹部と朝食会」、二〇〇三年七月八日には「仙台の東北電力を訪問」といったことが書かれています。

このように一〇年日記には、どこで誰と会った、どこへ行って何をした、という日々の事実だけを淡々と書いています。何年の何月何日に自分が何をしていたか、その日付のページを開けば一〇年分の行動が一目でわかるわけです。

ただ、一〇年日記や二〇年日記には、その行動の結果どうなったかまで詳しく書くスペースはないので、そういうことは別のノートに一〇行か一五行ほどで書いています。このノートには自分の心情、たとえば、大きな自然災害があって考えさせられたこと、友達が訪ねてきて感じたことなども書いています。

四〇年間日記を続けてきた私ですが、現状や過去の日記を読み返すことはほとんどありません。私にとって日記は、その日の行動が自分の「生きる指針」に背いていないかを知ることを一番にしているものだからです。

私の「生きる指針」をひとことで言えば、「自分に対しても他人に対しても、嘘をつかない」ということです（これについては第三章をお待ちください）。

人は誰でも、自分なりの「生きる指針」、言葉を換えれば「生活するうえでの自然な心構え」をもっていると思います。指針に反した行動をしたのか、日記をつければわかります。反省すべき点は反省する。その機会を与えてくれるのが、日記の最大の効用だと言えます。

人生はまだまだ長いんです。日記帳を、明日をよりよく生きるためのツールとし、前向きの気持ちで毎日を送ることが重要です。

いくつになっても勉強は面白い

第一章でも触れましたが、私は毎日、午前中は新聞・雑誌やネットから情報を収集し、午後は集めた情報のうち詳しく知りたいことを調べ、その内容をレポート用紙に書き出すようにしています。ときには、その内容をＺｏｏｍなどで仕事関係者に話したりすることもあります。

私が最近興味を持ったのは、「ヒトに近い知能を持っている頭のいい動物は何か」というテーマです。犬や猫は人間を理解できるようになるのか、その逆は可能なのか、という疑問が発端でした。ちなみに、私は犬や猫を飼ったことがありません。子供の頃、拾ってきた犬を親に内緒で飼おうとしましたが、すぐ父に見つかり、「親に隠しごとをするとは何事だ」と叱られました。

さて、有名大学の研究室の記録にもあったようですが、頭のいい動物のトップは、やはりゴリラやオランウータンなどの類人猿でした。かつてアメリカで行われた研究では、チンパンジーの仲間のボノボに人間の言葉（英語）を教えると、その意味を理解するようになり、人間の命令で薪を集めてマッチで火をつけたり、特殊なキーボードを使って人間と会話したりするようになったと報告されています。

二位は、クジラ・イルカ・シャチの類。イルカは、体重に占める脳の割合がヒトに次いで大きく、音を発して仲間とコミュニケーションをとることもできるという記録があります。

三位はゾウ。ゾウには、鏡に映った自分の姿を自分だと理解する「鏡像認知能力」があることがわかっています。

四位以下は順に、イヌ、カラス、ネズミ、タコ、アリ。タコがトップ七に入っているとは意外でした。単なる好奇心から調べたことですが、こうした意外性も面白いものです。

「ヒトと他の生物の遺伝子はどのくらい共通しているか」について調べたこともあります。

ヒトの全ゲノムが解読されたのは二〇〇三年のことでした。他の生物についてもゲノム解読が進み、両者に共通する遺伝子は非常に多いことがわかっています。

たとえば、ヒトとチンパンジーの遺伝子は約九六％が共通するという研究結果があります。ネコ（人間が飼っているアビシニアンでエチオピア原産。最古の品種）は約九〇％、家畜のウシは約八〇％。科学的に難しいことは私にはよくわかりませんが、人間と他の生物が遺伝子的にかなり近いというのは興味深い。なんと、バナナでさえ約六〇％の遺伝子がヒトの遺伝子と共通していると知り、驚きました。

さらに興味深いのは、ヒト同士の遺伝子の共通性です。ヒトゲノムは約三〇億個の塩基対のＤＮＡ（デオキシリボ核酸）からなり、そのうち九九・九％は誰でも同じ遺伝情報をもち、人間としての個体差はわずか〇・一％（三〇〇万個）であることが報告されています。九九・九％は同じ遺伝情報なのだから、人間の能力や適性にはほとんど差がない、と言えます。

他方で、〇・一％の差異は、特定の病気にかかりやすいかどうか、ある薬が効きやすいかどうかなどに関係してきます。このわずかな差異に着目し、個人の遺伝情報にあわせたテーラーメイド医療（個別化医療）を行おうという機運が盛んになってきています。ヒトと他の生物の遺伝子はどれくらい同じなのかという疑問が、個別化医療の話にまで発展していく。こんなところにも「大人の自由研究」の楽しさがあります。

好奇心や知識欲に蓋をしてはいけない

我が国では、すでにいくつかの大手企業が総務・経理関係でＡＩ（人工知能、Artificial Intelligence）を導入して使いはじめています。多分、どの企業も同じような流れにあるでしょう。企業内のＡＩ活用について詳しく知る人がいれば話を聞きたいと思った私は、昔の部下や知人に尋ねてみましたが、心当たりの人は見つからないとのことでした。

　そこで、何社かの大手メーカーに自分で電話をして訊いてみたのですが、どの会社の対応にも壁があり、内情を教えてもらうことはできませんでした。ＡＩをどう活用しているかは企業秘密なので、この件について企業から話を聞くのは無理と判断しました。

　好奇心や知識欲にかられて行動しても、このように思うに任せないこともあります。しかし、最初から無理だと諦めたら行動を起こすことさえできません。ものごとを追究するには、「知りたい」「自分で見極めたい」という気持ちに蓋をしないことが大事です。

　その意味で、「既成事実であっても疑ってかかる」ということも大切です。

　自宅で勉強をしていると、「この資料の記述は事実なのかな？」「このデータはどこまで信頼できるのか？」と、疑問をもつことが皆さんにもあるでしょう。

　そんなとき私は、既成事実として誰もが疑いをもたないようなことであっても、すぐに調べます。調べても解決できない場合は、資料の出版元やデータを公表している省庁などに問い合わせて自分で納得できる答えが出てくるまで時間がかかっても解決する努力を続けます。

あまりしつこく質問するので相手を困らせてしまうこともありますが、内心「申し訳ない」と思いながらも、疑問をそのままにしておくことができないのです。

今の社会には、人の言うことを鵜呑みにしてしまう傾向があるように感じます。メディアが報じるニュースやネット上の情報を、何の疑いもなくそのまま信ずる人が増えている。人々の考える力が低下していると言われることも多くなりました。

世の中にあふれる情報を受け身で得ることに慣れっこになると、それらの情報の中身や質について、自分の頭できちんと考え、吟味し、冷静に判断することが難しくなります。その結果、フェイク情報に踊らされてしまう人も少なくありません。

誰かの意見や考え方を安易に取り入れる人が多くなっているという問題は、若い人たちだけに限ったことではありません。

たとえば、あなたが何かの薬を一〇年、二〇年と毎日一錠ずつ飲み続け、それでまずまずの健康を維持して普通に生活しているとします。それを聞きつけた人が、「この薬は二錠飲むほうがいい。権威のある学者や専門家もそう言っているし、有名人の〇〇もそれで元気にしているよ」と言う。あなたは「自分も二錠飲むほうがいいのではないか？」と不安になり、「偉いさんの言うことだから大丈夫だ」と、その人の意見を取り入れてしまうかもしれません。

しかし、人間の身体や生活環境は人それぞれで違います。長年続けていて不都合を感じないのは、それが自分の身体や生活環境に合っているからです。有名人が別のことをして健康を維持しているとしても、それはその人の身体や生活環境に合っているだけの話で、万人に合うかどうかはわかりません。むしろ有害になるかもしれない。人に言われたからといって、むやみに自分の習慣を変える必要はないと思います。

日本人は権威に弱いところがありますが、学者や専門家といってもピンからキリまでいます。ＡＩがこう言った、ＳＮＳにこう出ている、だからこれは正しいのだ、というのは理屈にもなりません。ＡＩが答える内容には間違いもあります。ＳＮＳに出ていることなど月日が経てば、誰がどんなことを言ったのか全部忘れているでしょう。

若い人の場合、そういうことをあまり考えずに、「偉い人が言ったから」「ＡＩの言うことだから」と信用してしまうかもしれませんが、中高年の皆さんなら知識の蓄積も経験値もあるのですから、自分自身で考え、納得のいく判断ができるはずです。

ものごとを冷静に見つめ、論理的に考えて判断する力は、定年後の生き方や仕事のしかたを決めるうえでも必要です。人生終盤の大きな課題に、よりよい答えを導くには、自分の頭でとことん考えるしかありません。

そういう意味でも、「疑う」という姿勢は大事だと思います。既成事実とされていることや、皆が「そういうものだ」と信じ込んでいるものほど、疑ってかかるべきかもしれませんね。

できることなら自分が納得できるまで充分調べて確認したいものです。それによって考える力は磨かれていくかもしれません。そこに、学ぶ醍醐味と意義もあるのです。

自宅での勉強を長続きさせるコツ

リタイア後も自分なりに勉強を続けていきたいと思っていても、始めるきっかけがつかめない人は少なくありません。

そういう人は、勉強を大袈裟に考えすぎているのかもしれません。何か一つのテーマをきっちり学ばなければいけないという気持ちが強すぎれば、逆にハードルが高くなり、始めようという気になかなかなれないのが普通でしょう。

そうではなく、「好奇心を満たすための作業だ」と思えば気軽に始められるはずです。

とっかかりはそれでいいんです。そうやって関心のあることをあれこれ調べていくうちに、もっと深く知りたいと思うことが出てきます。一つのテーマを追究するのは、それからでも遅くありません。

「勉強は始めたけれど根気が続かない。すぐに飽きてしまう」と言う人もいます。継続力が大事だと頭では理解していても、ついつい人間は易きに流れてしまうものです。

そんな人へのアドバイスとして、明治・大正時代の思想家・新渡戸稲造(にとべいなぞう)の言葉を思い出しました。

新渡戸は、明治四四(一九一一)年に出版した著書『修養』で、長続きしないことは期限付きで始めてみることを勧めています。その内容の骨子は——。

「何事かを一生継続しようと思えば困難だが、時間を区切れば楽になる。その期間だけでも成し遂げることができれば、継続の習慣が養成され、一生続くものになる」

時間を区切る方法はいろいろあります。「何ヵ月間はこの勉強をしよう」と区切るのでもいいし、「来年の誕生日まで」「次の同窓会まで」でもいいでしょう。

こうして設定した一定期間は、ともかくその勉強をする。それが継続できたなら、あとはまた適宜に時間を区切っていくのも一つの方法です。

「学び」の機会は無限大

定年退職後に「新たな学び」や「学び直し」をする機会は、自宅での読書や「自由研究」、オンライン勉強会のほかにもさまざまにあります。

たとえば、その一つが海外留学です。海外留学というと「学生や若者のもの」という印象があるかもしれませんが、近年はシニア層も、海外で語学を学び直したい、異文化に触れて視野を広げたい、という人が多くなっています。

学生時代に海外留学を目指したが資金面の事情で断念した人、退職後の起業を視野に入れて現地のビジネスパーソンと交流を深めたい人、料理やフラワーアレンジメントなどの趣味に本場の国で取り組みたい人などが、定年退職して時間やお金に余裕ができたのを機に、夢を叶えるため積極的に海外へ出て行くケースもあるのです。

世界各国の語学学校では、基本的に年齢の上限を設けていないようですが、こうしたニーズに対応したシニア限定プログラムを設け、シニア世代の関心が高い文化講座や芸術鑑賞などの課外活動とセットにしているところもあります。語学を学びながら異文化を体験し、帰国後は、うまくいけば語学系の仕事に就ける可能性もあるかもしれません。

日本の旅行会社や留学エージェントのなかには、シニア世代を対象に、三ヵ月や半年間の短期留学プランを紹介しているところもあります。現役時代に何ヵ月もの留学はできないので、リタイア後のこういうプランは人気があり、夫婦一緒に留学するケースや、夫と妻が時期をずらして別々に留学するケースもあるようです。

コロナ禍がピークを過ぎたこともあり、今後は海外で学ぶ人がシニア世代でさらに増えていくかもしれません。

一方、国内においては、退職後に「シニア大学生」として学び直す高齢者が増えています。大学側も、シニア向けの専門コースや奨学金制度などを設けて取り込みに前向きです。

定年後に再就職した人や、体調が万全でない人でも、「毎日通学するのは難しい」

と諦めることはありません。通信教育を利用すればいいのです。

たとえば、奈良大学通信教育部の文化財歴史学科では、考古学や文化財に関する在宅学習を中心に、夏期や冬期には奈良の史跡など現地見学を含む三日間の集中講義を実施しています。卒業に必要な所定の単位をとれば、文学士の学位が授与されるそうです。

この学科の学生の約六割は六〇歳以上で、そのうち約四割が関東在住。自宅にいながら歴史的遺産の宝庫である奈良を拠点とした「学び直し」ができ、集中講義では実際の歴史の舞台で学べるということで、シニア世代の人気を集めているようです。

二〇〇五年に開設されたこの学科からは、二〇二一年度までに一八九三人が卒業し、卒業生らで組織する各地の学友会では、研究発表や小旅行で学びをさらに深めているそうです。また、働きながら学ぶ三〇代、四〇代の学生もおり、博物館学芸員の資格をとって卒業後に博物館に転職した人もいるのです。

ほかにも各地の大学では、学外の人を対象とした文系・理系の講座を実施しているところがあります。そこから自分に合った「新たな学び」や「学び直し」の機会を探してみるのもいいでしょう。

いかがですか。自宅の中か外かを問わず、歳をとっても「学び」の機会はこんなにあるんです。それらを利用しない手はありませんよ。

何かを学ぶワクワク感は、世代を問わず人生を豊かにしてくれるものですが、日常生活で刺激が少なくなりがちなシニア世代こそ、そのワクワク感が必要だと思います。

なにも一度に全部やるわけじゃあないんです。時間はいくらでもあります。知的刺激をそれなりに自分に与え、毎日を、希望を失わずに生き生きと過ごしていけるようにしようじゃありませんか！

第三章　最大の悩み——定年退職後をどう生きるか

「生きがい」はこうして見つける

「定年後」に飽き飽きしちゃった

「定年後は妻とあちこち旅行をして過ごそうと思っています」

「仕事をリタイアしたら毎日でも野球場に通って、贔屓のチームを応援しますよ」

「いや、もう飽き飽きしちゃって。丹羽さん、何をしたらいいですかねえ」

定年前にこんな話を嬉しそうにしていたかつての部下のなかには、ある日突然、と言ってきた人も何人かいます。こう言うしかないでしょう。

「当たり前だろう。仕事もせずに遊んでばかりじゃ、満足できるわけないじゃないか」

ふだん仕事をしていればこそ、たまに出かける旅先の美しい風景や、野球場での応援に、感動や興奮や喜びを感じるものです。仕事をしなくても生活に困らない人であっても、毎日遊んでいるだけで精神的に満足して生きていけるとは思えません。

会社を早期退職した知人のなかには、蒸し暑い夏はオーストラリアのような寒冷な国へ行き、寒い季節にはハワイなど暖かいところで過ごす生活をしている人もいます。

「何のためにそんなことをやっているんだ」とも思います。何か目的があって外国へ行くというなら理解できますが、まだ若いのに、「暑いから、寒いから」という理由だけで過ごしやすい場所で生活すればいいという暇潰しなら、勝手にすればよいでしょうね。

もちろん、何を生きがいとするかは、人それぞれで違います。年齢や社会的なポジション、金銭的余裕がどれだけあるかなどによって、いろいろな考え方があって当然です。

ただ、人生の終盤を「老後」と意識して生きている動物は人間だけです。年老いたイヌやネコは、「これが自分の老後だ。大切にしよう」と思って生きているわけではないでしょう。子孫を残したらすぐに死んでいく動物だってたくさんいます。

せっかく人間だけにある「老後」を、無目的にラクなことばかりに費やすのは、じつにもったいない話です。のちのち後悔しかねません。

老後の生活を「ああ、生きていてよかった」と思えるようにするには、「自分は何のために生きたいか」という目的を自分で考え、自分が心からやりたいものを見つけることが大事です。「皆がやっていて面白そうだから」と周囲に流されて始めても、途中で飽きてしまい、結局は長続きしないのではないでしょうか。

自分自身で考え、見つけたものだからこそ、生きている実感が得られるのです。

「楽しい老後」は興味次第

生きがいは、若い頃に熱中していたこと、興味はあったが諸々の事情でできなかったことから見つかることもあります。

たとえば、「学生時代にやっていたギターをもう一度弾いてみたい」と思うなら、それをやってみればよいと思います。その場合、ギターの構造や歴史などについても勉強すれば、いっそう興味が深まり、やりがいもさらに出てくるかもしれません。自己流で弾いていることに飽き足らなくなったら、音楽教室などに通って習い直すのもよいでしょう。

「一人で弾いているのはつまらない」と思いはじめたら、昔の友達や教室の仲間に声をかけて、一緒に演奏するのもよい。映画でも、芝居でも、クルマでも、「心からやりたいこと」を追究していくなかで、退職後に新しい人間関係を築いている人は多いと思います。

歴史に興味があるなら、一人で図書館に通って歴史の本を読むより、同好の士が集まって歴史の舞台を訪ねたりするほうが、やる気も楽しさも増すでしょう。遺跡発掘に興味が出てきたら、実際に発掘現場に行って作業の手伝いをするのも面白いと思います。「いい歳をして、人がどう見るか」なんて気にすることはありません。

仕事をやめる時期が近づいたら「やりたいこと」を決め、リタイアと同時に実行するのが理想的ですが、退職してから決めても遅くはありません。「やりたいことはあるが、退職後はお金の心配もあるしな……」と思うなら、働いて収入を得てください。

収入の全額を使うことが無理なら、半分は家に入れて、
「自分がやりたいことのために得た収入だから、半分は自由に使わせてくれないか」
と、家族にお願いしてみましょう。妻にしてみれば、夫が家でゴロゴロしているよりも、働いて、収入を得て、そのなかの自由になる範囲のお金で「やりたいこと」を

やって生き生きとしているなら、そのほうがずっといいと思うはずです。

「やりたいこと、追究したいこと」を一つでも持っていれば、こういうことも勉強してみたい、ああいうこともやってみたいと、興味の範囲がどんどん広がっていき、「これじゃ老後が足りない！」と思うようになるかもしれません。

そのうちに「やりたいこと」が変わっていっても、それはそれでいい。時代や社会や生活環境の変化とともに、生きがいも変えることができるのです。

八〇代だ、どうしよう

さて、私と同じ八〇代の人たちと話をすると、皆の関心事は、「どうすれば健康で他人の世話にならずに自立心をもって生活できるか」ということに集中しています。

高齢期に健康で自立心をもって生活が送れるかどうかは、社会との関わりや人間関係も含むさまざまな生活要素によって異なり、その違いが生きている実感（生きがい）にも影響してくる、と言えるかもしれません。

ところで、二〇二三年九月一八日の「敬老の日」にちなんで総務省統計局が公表した人口推計によると、我が国の六五歳以上の高齢者人口は三六二三万人でした。総人口に占める割合は二九・一％で過去最高を更新し、世界トップです。そのうち、八〇歳以上は一二五九万人で、総人口に占める割合が初めて一割を超えました。

国立社会保障・人口問題研究所の推計では、総人口に占める高齢者人口の割合は今後も増え続け、近い将来、三割を超えると見込まれています。

日本では六五歳以上を高齢者・高齢期とみなすのが一般的な傾向ですが、近年はこの傾向に否定的な意見が多くなりました。日本老年学会・日本老年医学会では、六〇代後半〜七〇代前半の多くが心身の健康を維持して社会活動も活発なことから、「七五歳以上を新たに高齢者・高齢期と定義すべきだ」との提言を二〇一七年に発表しています。

いずれにせよ、「高齢期」や「老後」と呼ばれる時期は長い。日本全体の平均寿命はおよそ八五歳ですから、定年退職後を「老後」とするなら、六〇歳で定年を迎えた人にとっての「老後」は四半世紀も続くことになります。

目の前に現れたその長い時間を、どう生きるのか。何を生きがいにして過ごしていけばいいのか――。そう考えて途方に暮れてしまう人もいるのではないでしょうか。

私と付き合いのある高齢者のなかにも、「やることがなくて困っている」「何かやらなきゃと思うんだが、何をしていいかわからない」と言う人が少なくありません。

「七〇歳になったらあれもやりたい、これもやりたいと思っていたけど、いざその歳になると、一人じゃ何もできないんだよ」と、愚痴をこぼす人もいます。

皆さんの周りにも、**孫の面倒をみたり、友達とゴルフに行ったりしながら、どこか物足りなさそうな人や、今の生活に納得していないような人がいる**かもしれません。

それは、「自分は〇〇のために生きるんだ」という目的を見失い、生きている実感が乏しくなっているからのように思います。

定年退職で「本当の幸せ」になるぞ

「令和五年版高齢社会白書」によると、六五歳以上の高齢者全体のうち、「家計にゆとりがあり、まったく心配なく暮らしている」人たちは少数派で、一二・〇%にすぎません。「家計にあまりゆとりはないが、それほど心配なく暮らしている」人たちが五六・五%と、大半を占めています。

そもそも、お金のあるなしと幸福感とは、必ずしも一致するものではありません。**健康で精神的に安定した生活は、お金では買えない**のです。

毎晩のように高級車で一流レストランに出かけて食事をしているような人でも、自身の健康に不安があったり、家族間のトラブルに心を悩ませたりしているかもしれません。家計にあまりゆとりはなくても、家族皆が健康で、たまに近所のファミレスで仲良く食事をすることに幸せを感じている人も多いでしょう。

もちろん、お金はないよりあったほうがいい。定年退職後の「第二の人生」を大過なく送るにも、ある程度の蓄えが必要なのは言うまでもないことです。

しかし、蓄えがあればあったで、それをアテにして、新しい仕事に踏み出す意欲をなくしてしまう恐れもあります。毎日、何をするでもなくぼんやりと過ごし、仕事を通じて社会と関わることもない生活から、はたして生きる喜びや充実感を得られるでしょうか。定年退職は、「お金の本質」と「本当の幸福とは何か」について考えるよい機会だと思います。

お金の良い使い方と悪い使い方

お金は人生の本当の喜びにはなり得ない

家計のことは妻に任せ、自分は月々の小遣いのなかで交際費や趣味のお金などをやりくりしている、という男性は多いと思います。

私も基本的に同じですが、月々の小遣いをやりくりする才覚はなく、財布の中身が心細くなってくると、そのつど「お金箱」から勝手に取り出します。関心があるのは自分の財布の中だけで、我が家の財政がどうなっているのか何もわかりません。

大学時代は母から必要なときにお金をもらっていましたが、すぐに酒代で消えました。たまにアルバイトでお金が入ると嬉しくなって、「おい、今日は俺がご馳走するぞ」と友達を誘って呑みに行き、あっという間になくなってしまうので、また「お母さん」と言って手を出す。そのお金もすぐ使ってしまうという繰り返しでした。

就職して東京に出てからも、給料をもらうとすぐに全部なくなりました。当時の飲み屋はツケがきいたので、給料の半分はその支払いと本代に消え、半分は独身寮の寮費に充てる。すると持ち金はなくなりますが、食事は独身寮で出るので不自由は感じませんでした。

格好に無頓着の私は新しい服を買う余裕がなくても平気、夏も冬も同じ背広一着とネクタイ一本で過ごしていました。三六五日、ずっと同じ汚れたネクタイをしているので、見かねた同僚の女性社員が「可哀想だから」と、ネクタイを一本買ってくれたことが嬉しい思い出として残っています。

靴下は寮で同部屋の社員と適当に使い合っていました。洗濯して干しっぱなしにするうちに片方だけどこかへいってしまうこともあり、まともに左右が揃っているのは五足だけ。ステテコは、ときどきにおいを嗅いでは裏返してはいていました。昔からそういうことは母親まかせで、独身寮にいた頃は誰も面倒をみてくれず、ひどい状態だったのも当然です。当時交際中だったワイフは名古屋にいて、たまに東京で会えば、そのありさまに驚愕していました。

こんな調子なので、結婚するときも貯金はゼロ。いまだに結婚式場の費用を誰が払ったのかよくわかりません。披露宴のあと、母がワイフに、

「すみませんね。この子は本当にお金に無頓着だから、それだけはきちっとしておいてね」

と頼んでいたことを覚えています。

財布が空っぽになると、結婚前は母親に、結婚後はワイフに対して「お金ちょうだい」と言って手のひらを差し出し、たいして多くもない小遣いをもらう――。そういう生活に慣れてしまったため、私にはお金に対する執着がありません。お金を貯め込むことに一所懸命になる生活は、今も昔も私の性（しょう）には合いません。

足るを知る者は富む

社長時代の私は、ランチミーティングに必ず「コンビニ弁当」を出していました。

会社がファミリーマートの筆頭株主なので、弁当といえばファミリーマート。当時の私は歯も丈夫でしたから、社員がふだん食べているような弁当を自分も食べればいいと思っていました。「社長主催のランチミーティングなら経費で落ちるから、有名レストランか料亭の高級弁当が出るかな」と期待していた人はガッカリしたかもしれませんが、社長といえども、経費を無闇に使うべきではないと思っていました。

会社としてお客様を接待するときには銀座の店を利用しましたが、個人的に部下たちと呑むときは会社近くの安い店へ。勘定の半分を私が払い、あとの半分は部下たちが割り勘で払う。そのほうが、部下も安心して言いたいことが言えるんです。

会長職を離れてからは、仕事関係者と事務所で夕食をとるときにはデパートの地下で買ってきた惣菜をテーブルに並べ、皆でディスカッションや世間話をしながら食べました。それで十分においしいし、楽しい。何の不足もありません。『**老子**』には、「**足るを知る者は富む**（欲を捨てて現状に満足できる者は、精神的に豊かでいられる）」**という言葉がありますが、まさにそのとおりです。**

私の生活はこの程度のもので、社長になるまでは自社株も持っていませんでした。

会社で穀物相場を担当していたのでいろいろな情報は入ってきましたが、自分で株を持てば、かえってそういう情報が災いして「儲けたい」という邪心を呼び起こし、肝心の仕事のことが考えられなくなってしまうのではないか、と思っていたのです。

前社長から、

「丹羽君、社長になったんだから少しは会社の株を持ちなさい」

と言われて、初めてほんの少しだけ持ちました。

仕事以外のことで「儲かった、損をした」と気を削がれるのは面倒なので、それ以外の金融商品は持ったことがありません。

一事が万事、私生活ではお金に無頓着で、ふだんお金を使うこともあまりありません。ただ、本にだけは例外的にお金を使います。読みたい本は金額に関係なく買ってしまうので、あとから請求書を見てびっくりすることもあります。第二章で述べた『大航海時代叢書』は、一冊の値段が五〇〇〇円から六〇〇〇円近くしましたが、書店にあった二五巻を十数万円払っていっぺんに買い揃えました。「よくそんな買い物をしましたね」と人から言われましたが、興味のある本を読むためなら、いくらお金を使っても惜しくはない。

これだけは、自分に許された最高の贅沢だと今も思っています。

快適な生活ってなんだろう?

定年退職を機に、家を立派にリフォームしたり建て直したりする人もいますが、私は課長になったときに建てた築四五年ほどの家に今も住んでいます。近所に住んでいるかつての部下が、「俺の家のほうが立派じゃないか」と驚いたそうですが、家は雨露がしのげて居心地がよければそれでいいと思っているので、ぜんぜん気になりません。そもそも、「俺は九〇歳になっても使える立派な家を建てよう」とか、「社長になるかもしれないから豪華な家にしよう」なんて、普通の人間だから考えもしませんでした。

社長時代にアメリカへ出張した際、友達の企業の社長から「我が社が持っているホテルの部屋をお使いください」と言われ、最上階にあるいちばんいい部屋に一晩泊まったことがあります。ところが、広すぎてどうも落ち着かない。たぶん、本来はお付き何人かといっしょにいる部屋なのでしょう。電話は大部屋に二つか三つあり、どこで鳴っているのかわからない。「これからは、手を伸ばしたら電話がとれるような小さい部屋にしてください」とお願いして、日本に帰りました。

帰国した夜は、ホテルの予約を部下に頼んでいなかったため、会社近くのビジネスホテルに泊まりました。トイレとユニットバスとベッドだけのシングルルームです。

翌朝、出社して「俺はああいう部屋でいいんだ」と部下に言うと、「社長がそんな小さな部屋じゃ体裁が悪いから困りますよ」と言われました。

「そんなことはない。ベッドからすぐ電話はとれるし、手を伸ばせばティッシュペーパーの箱もある。あんなに便利な部屋はないじゃないか」と言い返すと、相手は開いた口が塞がらない、という顔になりました。

壁に穴が開いている部屋や、掃除が行き届いていなくて汚い部屋は、いくら安くても勘弁してほしいですが、きちっと掃除がしてあり、使いたいものがすぐそばにあるなら、それがいちばんいいと今でも思っています。

お金さえ払えば快適に過ごせるというものでもないでしょう。

そういう気持ちで生活すれば、歳をとってから「懐が寂しくて旅行も楽しめない」といったことにはならないのではないかと思います。

財産が少なくても気にしない

定年を迎えたとき、「これから老境に入っていくのに、自分の蓄えでやっていけるのだろうか」と心配になる人は多いと思います。

でも、いくら通帳とにらめっこしても、預貯金の額が増えるわけではありません。

「金は天下の回りもの」で、くよくよしても始まらない。それに、コロナ禍の例を見ればわかるように、世の中というのはいつ、どうひっくり返るかわかりません。どうなるかわからない先のことを考えて心配するのは時間の無駄ですし、精神衛生上もよくないと思います。

それより、今の自分はどんな仕事がしたいのか、どんな仕事ならできるのかを考えましょう。第四章で述べますが、定年後も働く場はいくらでもあります。

新しい仕事を始めて定収入が入ってくるようになれば、「まあ、最低限これぐらいあればやっていけるんじゃないかな」という目処も立ってくるはずです。

蓄えはそれなりにあるが、子供や孫にできるだけ多く残したいので、自分のためにお金を使いたくても我慢している、という人もいるようです。

しかし、**どれだけたくさんお金を残したとしても、問題というのは起こるときには起こります。**親が亡くなった直後は「たくさん残してくれて、本当にありがたいね」と言い合っていた子供たちが、今では相続で揉めて犬猿の仲になっている、というのはよく聞く話です。詐欺まがいの金融商品に手を出して遺産を使い果たしてしまうようなことだって、ないとは言い切れません。

一方、残したお金の額が少なければ子や孫は不満に思うでしょうが、文句を言うのはそのときだけで、一年も経たないうちに忘れてしまうものです。

自分が死んだあとのことは誰にもわからないのですから、残せる財産が多かろうと少なかろうと、気にすることはありません。自分のために使うべきお金は使い、残りは法律に基づいた遺言書で家族に分配すればよいのではないでしょうか。

社会や次世代のためになることも考える

老後のお金の使い方については、「自分の生活のためにある程度は蓄えを使い、残ったお金は妻や子供や孫たちに分配する」という考え方が一般的だと思います。ただ、人間の生きがいは、自分や家族のためにお金を使うことだけではありません。少し余裕があるのなら、社会のために使うことも考えてみてはどうでしょうか。

かつて私は、国際連合世界食糧計画WFP協会の会長をしていたため、ケニアの難民キャンプを訪ねたことがあります。難民キャンプの病院には、満足な医療器具もなく、死に瀕した子供を一日中抱いている痩せた母親の姿がありました。

中国大使時代には、我が子に北京の学校で勉強させるために、家族の生活を支えている牛を売って費用を捻出するような人たちがたくさんいることを知りました。

日本国内にも、貧困にあえぐ人、経済的事情で進学を断念する子供が大勢います。

「そういう人たちの力になりたい」という思いがあるなら、人生の終盤でその思いを実践するのも、一つの選択肢だと思います。

家族のためにお金を使うにしても、やり方はいろいろとあります。たとえば、孫が留学したいというなら、そのための資金を出してあげてはどうでしょう。

最近は海外に出たがらない若者が増えているようですが、「日本の外に出て、もっと視野を広げてこい」と、誰かが背中を押さなければ状況は変わりません。海外で半年でも一年でも暮らしてみれば、現状に満足してぼんやり生きてきた若者であっても、「自分はもっといろんなことを学ばなきゃいけない！」「日本はこのままでいいのだろうか？」と、問題意識をもつようになるはずです。

単に現金を孫に残してあげるよりも、長い目で見れば、そのほうがよほど有意義なお金の使い方だと思います。

私は以前、本を出版するたびに、著者印税の大半をＷＦＰ協会や、中国から日本へ来る私費留学生への奨学金として公益社団法人日本中国友好協会に寄付していました。仕事の報酬である給料以外は自分のお金ではないような気がしていたんです。

ただ、本が売れているあいだは先方にお金が入っていきますが、本が売れなくなるとたいしたお金が入らなくなってしまいます。それではかえって相手に悪いと思い、その後は著者印税の一部を滋賀大学に寄付することにしました。会社の創業家である伊藤家に関する古い書籍や資料を整理してもらうためです。

近江国（今の滋賀県）に生まれた忠兵衛は、江戸時代後期から明治時代後期にかけて活躍し、近江商人の経営哲学「三方よし」（売り手よし、買い手よし、世間よし）を生涯にわたり実践しました。彼は、「商売は菩薩の業、商売道の尊さは、売り買い何れ（いず）をも益し、世の不足をうずめ、御仏の心にかなうもの」とも言いました。商売は世のため、人のためという理念に基づくこれらの言葉は、現代のＣＳＲ（企業の社会的責任）につながるものだと言われています。

伊藤家に関する書籍や資料は、一企業の財産というだけでなく、日本の商業史を研究するうえで貴重なものですが、長いあいだ伊藤忠・丸紅の地下室に未整理のまま眠っていました。古い資料なので虫に食われて判読しにくくなっている部分も多く、早く修復しないと永遠に読めなくなってしまうかもしれません。

「このままにしていてはダメだ」と思った私は、滋賀大学の学長に、「費用は一部私が寄付するので、修復と整理をしていただけませんか」とお願いしました。現在も少額ですが寄付を続けています。また、近年は伊藤忠本体より支援もいただき、滋賀大学の経済学部附属史料館で修復作業が進められています。

老後の蓄えの一部を、社会のため、次世代のため、あるいは自分が世話になった会社や母校のために使うという途もある——。読者の皆さんも知っておいていただければ、関係する各方面にとって何かの助けになると思います。

対人関係の心得

あえて人間関係を整理する必要はない

近年、「仕事を完全にリタイアしたら人間関係を整理しましょう」とか、「何歳になったら年賀状交換はやめよう」といったことが言われています。

「人間関係の整理」とは、昔の仕事関係者や薄い付き合いの人からは遠のき、気心の知れた人だけと交流する、ということのようです。

年賀状交換をやめることは「年賀状じまい」などと呼ばれ、やめ方を指南する本も出版されており、ネット上には「最後の年賀状」の書き方や例文まで出ています。「人間関係の整理」や「年賀状じまい」がいいかどうかは、一概には言えません。加齢とともに交友関係を維持するのがつらくなってきた人や、年賀状を何十枚も書くのが面倒になってきた人にとっては、精神的負担を軽減できる場合もあると思います。

しかし、その一方で、**限られた交友関係のなかでは視野が狭くなってしまう**恐れもあります。「年賀状じまい」をしたら同窓会の連絡がぱったり来なくなった、というケースも実際にあるようです。自分は人間関係を整理してスッキリしても、相手のほうでは、「あの人とは死ぬまで付き合いを続けるつもりだったのに」「年に一度、賀状での挨拶ぐらいはしたかったのに」と、ガッカリしている方もいらっしゃるかもしれません。

私自身は、七〇歳になったから人間関係を整理しようとか、八〇歳になったから年賀状を出すのをやめようなどと思ったことはありませんが、手続き上、少しずつ減少させざるを得なくなってきています。

そもそも、「いくつになったら、こういうことをやるべきだ（あるいは、やめるべきだ）」と、あえて年齢や年代で区切ってものごとを論ずるようなことは、あまり考えないほうがいいのではないでしょうか。人それぞれでお決めになることです。

たとえば、定年退職後も会社の元同僚とたまに会ってゴルフや飲み会をやっている人に対して、「七〇代になったらそんなことはやめて人間関係を整理しなさい」と言うことに、どんな意味があるというのでしょう？　**本人が楽しいのなら七〇代になっても八〇代になっても続ければいいし、楽しくなくなったらやめればいい**だけの話です。

若い友人から刺激をもらう

仕事をしていた頃は若い世代と交流していた人でも、リタイア後は会う機会が少なくなり、同年代の人とばかり話をするようになりがちです。

同じような歳の人と語り合うのも楽しいとは思いますが、相手から出てくる話が「病気自慢」と「孫自慢」ばかりでは、そのうちに飽きてしまいます。刺激が足りないのです。相手が本や新聞もほとんど読まなくなっていたら、なおさらでしょう。

その点、現役でバリバリ仕事をしている世代は情報も豊富だし、本を読んで勉強もしているので、いろいろな議論もできる。その意味でも、会社にいる頃に若い人たちとの関係をしっかり築いておくことは大事です。**退職後は、たまに若い人たちを誘って話をし、刺激をたくさんもらう。自分は若い人たちを応援し、必要なら相談にものる。そういう付き合いは、歳をとったからこそできる**ものだと思います。私も、若い人たちとたまに会って話をし、よい刺激をもらっています。

私にとって「最も歳の離れた友人」は、棋士の藤井聡太さんです。初めてお会いしたのは二〇一八年。藤井さんは高校に入学したばかりの一六歳、私は七九歳でした。

ここで参考までに皆さんにお話ししておきましょう。アメリカでは世代の名称が出生時期ごとに、①一九四五～一九六四年　Baby Boomers、②一九六五～一九八〇年　Generation X、③一九八一～一九九五年　Millennials（一九八〇年代～一九九〇年代生まれをGeneration Yと呼ぶこともある）、④一九九六～二〇一〇年代初頭　Generation Z、⑤二〇一〇年代～　Generation α（アルファ）とされています。各出生年に明確な区分はなく多少のズレもあるようですが、世代名としてはこのようになっています。

さて、二〇〇二年生まれの藤井さんは、Generation Z（Z世代）。生まれたときからインターネット環境があったデジタルネイティブです。一九三九年生まれの私にとって孫のような年齢ですが、話してみると年齢の差は感じず、打てば響くような彼の思考に大いに刺激を受けました。同じ愛知県出身ということで、どこか気脈が通じるようなところもあります。

その後も藤井さんとは何度か対話を続けました。その間に、彼は将棋界に次々と記録を打ち立てていき、二〇二三年六月には史上最年少（二〇歳一〇ヵ月）で名人、そして同年一〇月には、前人未踏の八冠全冠制覇を達成しました。

私には「努力では人に負けないぞ」という自負がいささかありますが、藤井さんは人並み外れた努力家です。そして、彼はいかなるときでも落ち着いている。八冠を達成した王座戦五番勝負の第四局では、一時は劣勢になったものの、なんとか局面を複雑にしようと考えて指していたといいます。最終盤では一手一手に時間をぎりぎりまで使い、永瀬拓矢王座を追い詰めていきました。形勢や勝敗に一喜一憂することなく、真摯に将棋と向き合っている姿勢が、彼の強さの本質だと思います。

負けたときでもしおれるのではなく、「あの局面ではこうすればよかった」という後悔や負けた悔しさをいかにして今後の対局へ活かしていくかを考え、「次は絶対に負けないぞ」と自分を奮い立たせている。その気力、自分自身の力で敗戦を乗り越えて前に進んでいく気持ちの強さは、なかなか他の人が真似できるものではないと思います。

将棋は、年齢や経験の量とは関係のない人間対人間の戦いです。八冠制覇の翌日の会見で藤井さんは、全タイトルで追われる立場になったことについて、「盤を挟んでしまえば立場の違いはまったくない」と語っていました。彼のなかには、対戦相手が何十歳年上でも年齢差を忘れ、「それがどうだというんだ」という気持ちがあるはずです。

藤井さんは、まだ二一歳の若さです。将棋という仕事を離れれば、彼も二〇代の青年として、年齢や経験の異なる人たちからさまざまなことを学び、経験を積んでいかなければなりません。これからは私生活でいろいろな変化があるでしょうし、タイトルの防衛をはじめとする大きな試練も待ち構えていますが、今以上の生き方ができるよう経験をさらに積み、試練に負けることなく世界に目を開き、さまざまな国々の人々とともに活躍をしていただきたいと、長い目で期待しています。

六三歳年上の友人として、心から応援しています。

六〇歳を過ぎたら信念に基づいて行動する

私が学生時代に読んで感銘を受けた本の一つに、フランスの作家ロマン・ロラン（一八六六〜一九四四）が書いた長編小説『ジャン・クリストフ』があります。

この小説は、ジャン・クリストフという架空の音楽家が、人生の苦悩と喜びを経験しながら、魂の成長を遂げていく過程を、八年かけて描いた作品です。作者ロランは、ベートーヴェン、ミケランジェロ、トルストイの各評伝を遺したことでも知られており、主人公クリストフの人物像は、まさにこの三人の偉人の生き方や思想がモチーフになっているのです。

正義感が強くて自分の気持ちに忠実なクリストフは、音楽界における党派の横行や、音楽家と批評家の癒着などを見ると許すことができず、相手が巨匠音楽家であろうが公然と批判します。政治に対しても同じで、間違ったことや嘘は絶対に許さない。それは私の心のなかに何十年と刻まれています。

そうした生き方ゆえに、クリストフはさまざまな圧力を受けますが、それに屈することなく立ち向かい、音楽家として成功をおさめます。私はこの小説を読んで、「自分はどう生きていきたいのか」を意識するようになりました。

小説の最後にクリストフは亡くなりますが、ロランはその第一〇巻の序文に力強い言葉を残しています。

「今日の人々よ、若き人々よ、こんどは汝らの番である！　われわれの身体を踏み台となして、前方へ進めよ。われわれよりも、さらに偉大でさらに幸福であれ」（『ジャン・クリストフ4』豊島与志雄訳、岩波文庫）

私はこの言葉を、「ジャン・クリストフのような生き方を一代で終わらせるのではなく、この本を読んだ若者たち、そのまた次の世代へと引き継いでいってほしい。それにより、クリストフは死んでも彼の信念（すなわち作者の信念）は永遠に生き続ける」という、ロランから次世代へのメッセージだととらえています。このように自分の信念を次世代に伝えることも、シニア世代の重要な役目だと思うのです。

私自身の信念は、「世界の自由と平和」です。中国大使時代（七一〜七三歳の頃）の私は、この信念に基づいて日中友好関係の維持に努めました。当時の石原慎太郎東京都知事が尖閣諸島の購入計画を発表したときには、英紙のインタビューに「計画が実行

され れば、日中関係にきわめて深刻な危機をもたらす」と答え、日本中から「媚中派」と批判を浴びましたが、自分の信念を曲げる気は少しもありませんでした。

世界の自由と平和は誰もが望むことですが、実現がこれほど難しいものはありません。アメリカが強いからアメリカにつく、中国が経済的に繁栄すると中国のほうを向く、ロシアがウクライナに侵攻して強そうだと判断すると西側は皆でロシアを叩く、ということでは、永遠に世界平和は実現しない気がします。

大事なのは、日本がどの国に味方するかではなく、大国が喧嘩をしそうになったら日本が国として仲介の労をとり、世界が「自由と平和」の方向へ向かうために努力するよう考えることだと思います。

この信念を若い人たちに伝え、自分が死んだあとも次の世代へとつないでいってもらい、我々の世代が頑張っても為し得ていないことを実現してほしいと願っています。

皆さんにも自分なりの信念があるはずです。それは、若い頃からの読書や勉強や経験から得た、学びや気付きの蓄積です。六〇歳を迎えた頃には確固たるものになっているはずなので、その信念に基づいてものごとを判断し、行動し、次の世代へ伝えてください。

子や孫に財産を残すのも大事かもしれませんが、**お金やモノには代えられない信念という財産を残す**ことは、それ以上に大切なことだと思います。

「人生の指針」を立ててみる

私の人生の指針

私には、生きていくうえでの基本原則、すなわち人生の指針が二つあります。

一つは、「正直、清潔、美心」です。「正直」は、人に対しても自分に対しても嘘をつかないこと。「清潔」は、人に対して誠実で、迷惑をかけたりしないこと。「美心」は、人を攻撃したり精神的に傷つけたりしない、人間としてきれいな心をもつことです。

もう一つは、「人は自分の鏡」。他人の行いの善悪を見て、自分の行いを反省することです。たとえば、人間は社会的立場が上になるほど、自分のことより目下の者を大切にしなければなりません。しかし多くの人は、権力やお金を手にすればするほど自分のことを大切にし、目下の者をないがしろにしがちです。他人のそういう行いを見たときには、「俺もそんなことをしていないだろうな」と自分自身を省みて、そうならないように自戒しなければいけないと思っています。

会社員時代に私が理想とし、尊敬していたのは、「正直、清潔、美心」を体現していた上司でした。その唯一の人が、筒井雄一郎（つついゆういちろう）さんです。

ニューヨーク駐在時代の私は、穀物相場で大失敗をしたことがあります。

その年は干魃が続き、ニューヨークの新聞の一面が、荒れ地と化した畑の写真付きで「深刻な大干魃」と報じました。三〇代半ばで相場予測に多少の自信がついてきた私は、その記事を見て大豆価格の高騰を確信し、大量に買い込みました。

ところが、予想されなかった降雨で状況は一転しました。米国農務省が「大豊作」との予測を出し、相場はたちまち大暴落。私は五〇〇万ドル近い含み損を抱えることになってしまったのです。その頃は一ドル約三〇〇円でしたから、日本円換算で約一五億円。当時の会社の税引き後の利益に匹敵する大損失となりました。そのとき、

「ことの経緯を包み隠さず、すべて会社に報告しろ。いっさい隠しごとはするな」

「おまえがクビになるなら、その前に俺が先にクビになる」

「心配するな」

と言って、本社からの叱責の矢面に立ってくれたのが、本社の食料部門上司だった筒井さんでした。私は、涙が出るほど嬉しかった。


筒井さんは私より一〇歳ほど上で、「上司にも、部下にも、取引先にも、妻にも、嘘をつかない」を信念とし、実際に仕事に対しては一点の曇りもない人でした。ただ、生涯に一度も嘘をつかない人はいません。筒井さんも仕事以外のちょっとしたことで、

「丹羽君、申し訳ない。あのとき俺が言ったことは違うんだ。じつは……」

と、本当のことを話してくれたこともあります。部下に対してそう言える勇気をもった人であり、「自分もこうありたい」と私は心に刻みました。


筒井さんと長く一緒に仕事をし、思ったことを言い合える関係を続けるなかで、彼の生き方にも影響を受けながら、私の人生の指針は形成されていきました。

のちに私が社長になった頃、会社はバブル崩壊の後遺症で不動産などの不良資産を

抱え、大幅赤字に直面していました。上級役員や取引銀行は、一〇年、二〇年という時間をかけて少しずつ償却していけばいいという意見が大多数でしたが、それでは社員がいくら一生懸命働いても、利益は不良資産に吸収され、将来を期待することはできません。

悩みに悩んだ末、私は社長就任から一年半後の一九九九年秋、不良資産を一括処理して三九五〇億円の特別損失を計上することを発表しました。ただ、株価が下がり続ければ、会社は倒産してしまうかもしれません。「そうなったときは自分が死んでもかまわない」と覚悟しましたが、社員や家族のことを考えて、すぐに思い直しました。

私が死ねば、あとに残された社員たちは路頭に迷い、家族や親類縁者は「あれが会社を倒産させて自分は勝手に死んだ丹羽の母親だ、妻だ、子供だ」と後ろ指をさされます。

自分は死んでラクになり、部下や家族には大変な苦労を強いるというのは、私の生きる指針に最も反している。そう考えると、死ぬわけにはいきませんでした。

老後のよりどころとなる「生きる指針」

「正直、清潔、美心」「人は自分の鏡」

私は自分の人生の指針を紙に書いています。ときおり、それを見ながら、「最期のときまで、この二つを大切にしなきゃいかんな」と、自分自身に語りかけるほかありません。

二つの指針に背かず行動すれば、誰にも恥じることなく生きられる。そして死ぬ間際に、

「ああ、俺の人生は幸せだった。人を騙してもいないし、迷惑をかけてもいない。人の心を傷つけるようなこともしていない。保身のために部下を犠牲にするようなこともなかった。自分の心に忠実に、思いどおりに生きたなあ！」

と、晴れ晴れとした気持ちになれるだろう――。そう夢見る気持ちも心に浮かびます。

皆さんも、六〇代になったら「生きる指針」をつくってみてはどうでしょうか。難しく考えることはありません。「俺はこれからこういうふうに生きていくぞ」「私の生活の根本にあるのはこの考え方だ」という基本方針を、ごく短い言葉で表せばいいの

です。

長い老後の人生において、何のよりどころもなく生きていくのは、かなりつらいことではないでしょうか。「生きる指針」をもつことは、大きなよりどころとなるはずです。

自分なりの「生きる指針」をつくったら、そこから逸脱するようなことをしていないだろうかと、折にふれて自分の言動を振り返ってください。人間はいくつになっても不完全な生き物ですから、一〇〇%自分の指針どおりにはできないかもしれませんが、せめて努力を続けるだけでも意味のあることにしたいものです。

指針に反したら「バカ日記」を書こう

自分が「生きる指針」から外れたことをしていないか確認する意味でも、日記をつけるのはいいことだと思います。

私のやっている一〇年日記のように、その日の行動を短く記すだけでも、それが指針から外れていないかどうか、書いている本人にはわかります。私は毎晩、寝る前に日記を書くたびに、「今日は指針に反するようなことをしなかっただろうか」と振り返ります。自分で決めた指針に沿って生きるのが理想ではありますが、人間ですから、ときには指針から外れた振る舞いをしてしまうものです。

たとえば、「ものごとをじっくり考えて判断しよう」と決めていたのに、「あそこで失敗したのは自分の勇み足だった」と後悔することもあるでしょう。あるいは、「人の心を傷つけるようなことはすまい」と決めていたのに、「ああ、しまった。あの人にあんなことを言ったのはよくなかった」と反省することもあるでしょう。

ああすればよかった、こうすればよかったと考え、落ち込むこともあるかもしれません。そんなときには、次のように視点を変えます。

「今日の自分は、どう頑張っても、それだけのことしかできなかったんだ。つまり、それが今日の自分のベストだったのだから、うじうじ悩んでもしかたない」

「生きる指針」であまりにも自分を縛り付けると、逆に維持するのが難しくなってしまいます。**「今日の俺は、まあこんなもんかな」と自分を許すおおらかさも、ときにはあっていい**と思います。

それでも指針から外れてしまったことが悔しくてしかたないという人は、思いの丈を紙に書いてください。

「いい年をして自分で決めたことも守れないなんて、俺はいったい何を考えて生きてきたんだ。おまえは基本的にバカだ。このバカ、このバカ。バカ！　バカ！　バカ！」

これを「バカ日記」と名付けるのも、それはそれで面白いかもしれません。あくまでもメモとして自分で持っていればよく、「日記」と銘打つほどのものでもありませんが、心にそれぐらいの余裕をもたなければ、かえって生きづらくなってしまいます。

ただし、お互いに心から信頼し合っている人に嘘をついてしまったようなときには、「バカ日記」ですませてはいけません。きちんと相手に謝り、許しを請うべきです。

嘘をついたことを黙っていたら、本当の嘘になってしまいます。その嘘をごまかさず、「じつは嘘でした。申し訳ない。許してください」と言える勇気をもって生きていきたいですね。

しかし、相手にしてみれば、「一つ許せば百許すことになる」という気持ちもあるでしょう。「甘え」というのは大口を開けて待っていて、毎日のように姿を現します。人に対しても、自分の心に対しても、甘えることを許すわけにはいかない、という基本は忘れないようにしたいものです。

家族とどう向き合うか

家族との関係を見直す

厚生労働省の「令和四年度 離婚に関する統計の概況」によると、二〇二〇（令和二）年の日本の離婚件数は約一九万三〇〇〇組でした。そのうち、「同居期間二〇年以上」が占める割合は二一・五％で、五組に一組はいわゆる「熟年離婚」ということになります。

熟年離婚のきっかけの一つとしてよく挙げられるのは、配偶者の定年退職です。以前から離婚を考えていた妻が、退職金としてまとまったお金を手にした夫に対して離婚と財産分与を求める、というケースが多いようです。

また、定年退職した配偶者が一日中家にいるようになり、そのストレスに耐えきれなくなった相手から離婚を切り出されるケースもあるようです。

たとえば、現役時代は仕事で家を留守にしがちだった夫が、リタイアしたとたんに一日中家でゴロゴロするようになり、家事の手伝いをまったくせず、妻に対して「おい、お茶」「メシはまだか」と要求ばかりし、「部屋が散らかっているぞ」と小言まで言う。あるいは、妻が外出するたびにイヤな顔をしたり、どこにでも一緒について行きたがったりする——。こういうことが続けば、妻にとっては大きなストレスになるでしょう。

夫としては、「今まで家族のために一生懸命働いてきたんだから、しばらくは家でゆっくりさせてくれよ」「妻のことを愛しているから、いつも一緒にいたいんだ」という気持ちがあり、その気持ちを妻や家族にも話しているのかもしれません。

しかし、**「自分の考えや思いを率直に話せば相手に理解してもらえる」というのは都合のいい幻想**です。長年連れ添った妻や、血のつながった家族なら、「わかってくれて当然だ」と考えるのではなく、どんなに仲の良い夫婦や家族であっても、理解し合えない部分はあって当然と考えるべきでしょう。

「皆に迷惑をかけないようにするから、半年間だけ家でゆっくりさせてくれないか。そのあとはどんな仕事でもするつもりだ」

「今日の夕飯は自分で作って食べるから、きみは友達とゆっくりしてきていいよ」

などと、自分も努力する気があることをちゃんと見せ、その努力を続けていかないと、夫婦や家族といえども、相手にわかってもらえないことはあるのです。

仕事をリタイアして家で過ごすことが多くなったら、「相手のことも考えて生活しなければいけない」という当たり前のことを、改めて肝に銘じておくのは当然です。

妻はかけがえのない存在

「企業戦士」として仕事に集中してきた人のなかには、リタイアを機に、「家庭生活を犠牲にしてしまい、妻や子供に申し訳なかった」と感じている方もいると思います。

特に、会社経営に携わってきた人の場合、その傾向が強いかもしれません。事業規模の大小にかかわらず、経営者は自分の家族より従業員のことを第一に考えなければならないからです。私自身、家族にはかなり迷惑をかけたと思いますし、自分がいい父親だと思ったことは一度もありません。

ワイフには今でも面倒ばかりかけています。私はＺｏｏｍのセッティングもできないので、自宅でオンライン会議ができるのは彼女のおかげです。ワイフが外出しているときに「あれ？　音を大きくするにはどこをどうすればいいんだっけ」となったら、電話をして訊くしかありません。しかし、電話でパソコンの操作を説明するほど厄介なものはなく、

「このあいだ言ったじゃないですか。まず、スピーカーのマークをクリックして……」

「そのマークってどこにあるの？」

という問答になってしまいます。機械の操作は教えても、彼女は私の仕事にはいっさい口をはさまないので、気持ちよく仕事ができるのです。

前述したように、私は服装に関して良いも悪いもわからないので、結婚以来、服や靴を自分で買ったことは一度もなく、ワイフと一緒に買いに行くことは「稀の稀」という程度です。

背広やズボンは、ワイフが店に古いものを持って行き、「このサイズの背広をくだ

さい」「このズボンをこのサイズに直してください」と言って買ってきてくれます。昔、知人からお土産に高級服地をいただいたときも、彼女がその生地と一緒に古い背広を「英國屋」に持って行き、「このサイズでお願いします」と頼んで仕立ててもらいました。

そこまでしてもらっているので、少しは家事を手伝わないといけないのですが、恥ずかしながら、私はお茶ひとつ自分では淹れられず、自分の下着のありかさえよくわからない。

幼稚園児ではあるまいし、八五にもなったジイサンから「僕の靴下どこにあるの？」「靴はどれを履けばいいの？」などと訊かれるのは、あまり楽しいものではないでしょう。私は今までの人生で一度として、ワイフからの「あなたと結婚してよかったわ」との言葉を耳にしたことがありません。会社の仕事や執筆活動ではいろいろなことをやってきましたが、家庭人としてはつくづくダメな男だと、自分でも思います。

こんな自分がワイフに対して「おい」とか「おまえ」などとはとても言えません。彼女の名前は名保子というので、病気をして家で過ごすようになってからは、「ナオちゃん」と呼んでいます。

オンライン会議のスケジュールは、「この日のこの時間帯は大丈夫？　ナオちゃん」と確認しないと、自分では何も決められません。あれがない、これがないと困ったときには、「ナオちゃーん」と大声で呼びかけます。一方、ワイフが私に対して「あなたー」と呼びかけてくることはほとんどありません。家の中で困っているのは、いつも私だけですから。

男性読者がこのくだりを奥さんに読んでもらえば、「うちのダンナは丹羽さんに比べればかなりマシだわ」と思っていただけるかもしれません。

私の生殺与奪の権を握っているのはワイフであり、彼女なしでは生きていけません。彼女に頭を下げずには死ねない。いや、死んでも頭が上がりません。

日本の男性は妻への感謝をあまり口にしないと言われますが、私は何かしてもらえば「ありがとう」と言っています。年に何回かは、つい声を荒らげてしまうこともありますが、あとで必ず、「さっきは悪かったな」と言います。

やはり、お互いに相手の気持ちを考えることが大事。それができていれば、夫婦間にあまり大きな問題は起こらないと、私は思っています。

子や孫とはほどよい距離感で付き合う

私生活のすべての面でワイフに頼りきりの私ですが、我が子とはお互いに、ほどよい距離感を保っています。

概して子供というのは、ある年齢になると、自分と同性の親と親密になります。女性と男性では身体の構造が違いますから、思春期特有の悩みが出てきたときには、女の子は母親に、男の子は父親に相談するでしょう。

女の子が結婚して家事や育児をするようになれば、自分と同じような生活をしている母親のほうが、いろいろなことを話しやすいはずです。私には娘が二人いますが、やはり私よりもワイフとよく話をしている。それでいいと思います。

私が病気になってからも、娘たちは健康面のことなどで「ああしなさい、こうしなさい」と直接私に言うことはなく、ワイフを介して「お父さん、大丈夫？」と間接的に気遣ってくれます。そういう気持ちは私にもよくわかるので、娘たちに会うと、「孫よりも娘のほうがかわいいよ」と言ったりします。

孫は四人いて、男一人と女二人が中学生、もう一人の女の子が大学生です。

もちろん私も孫がかわいくないわけはありませんが、若い人には若い人なりの生活というものがあります。小さい頃は、「おじいちゃん、おばあちゃんの家に行けば、おいしいものがたくさん食べられるし、やさしくしてもらえる」と喜んでいたでしょうが、中学生にもなれば、祖父母に会うよりも友達と遊んでいるほうが楽しいに決まっている。「おじいちゃんのところへおいで」と言っても、「お小遣いくれるかな」と思うくらいです。

皆さんも若い頃はそうだったでしょう。人間というのは、そんなものなんです。

だから私は基本的に、「きみたちが楽しいのならうちに来ればいい。楽しくないのに来てもらってもしょうがないよ。でも、困ったことがあったら、いつでもおいで」というスタンスで孫たちに接しています。

ただ、「何でも相談にのるよ」とは言いません。中学生ぐらいになれば、相談ごとは友達同士でするほうがいいと思っているからです。

小難しい人生訓も垂れません。私が孫たちに話すのは、

「人間、死ぬまで読書だ。ちゃんとこういう本を読みなさいよ」

「自分のやりたいことを遠慮しないでやるんだよ。ただ、人に迷惑をかけるなよ」

「自分のやりたいことをやって誰かに怒られたら、言っておいで。私がその相手に、『それはあなたが悪い』と言ってあげるから」

といったことぐらいです。孫にしてあげることは、それで十分だと思っています。

第四章　私たちはどう働くのか

シニア層とニッポンの職場

「死ぬまで元気に働く時代」の到来

日本では長く六〇歳定年制が続いてきましたが、二〇一三（平成二五）年に改定された高齢者雇用安定法によって二〇二五年四月から希望があれば六五歳まで継続して雇用しなければならなくなります。これに加えて二〇二一（令和三）年四月に施行された改正高齢者雇用安定法では、六五〜七〇歳の人たちが働く機会を確保するために、表1に挙げた①〜⑤のいずれかの措置をとることが「努力義務」とされており、すでに実施済みの企業もあります（図1）。

ちなみに、日本のように一律に定年を定めている国は、欧米では例外的です。アメリカとイギリスは、年齢を理由とする解雇は差別として原則的に定年制を禁じています。カナダ、オーストラリア、ニュージーランドにも定年制はありません。フランスの定年は原則七〇歳以上、ドイツでは六五歳から六七歳への引き上げが予定さ

表1　各企業に課された「努力義務」

①	70歳までの定年引き上げ
②	定年制の廃止
③	70歳までの継続雇用（再雇用や勤務延長）制度の導入
④	70歳まで継続的に業務委託契約を締結する（社員から業務委託へ移行する）制度の導入
⑤	70歳まで継続的に社会貢献事業（事業主自身あるいは事業主の委託・出資等を受けた団体が行う、不特定多数の人の利益に資する事業）に従事できる制度の導入

図1　70歳までの就業機会確保措置を実施済み企業の内訳

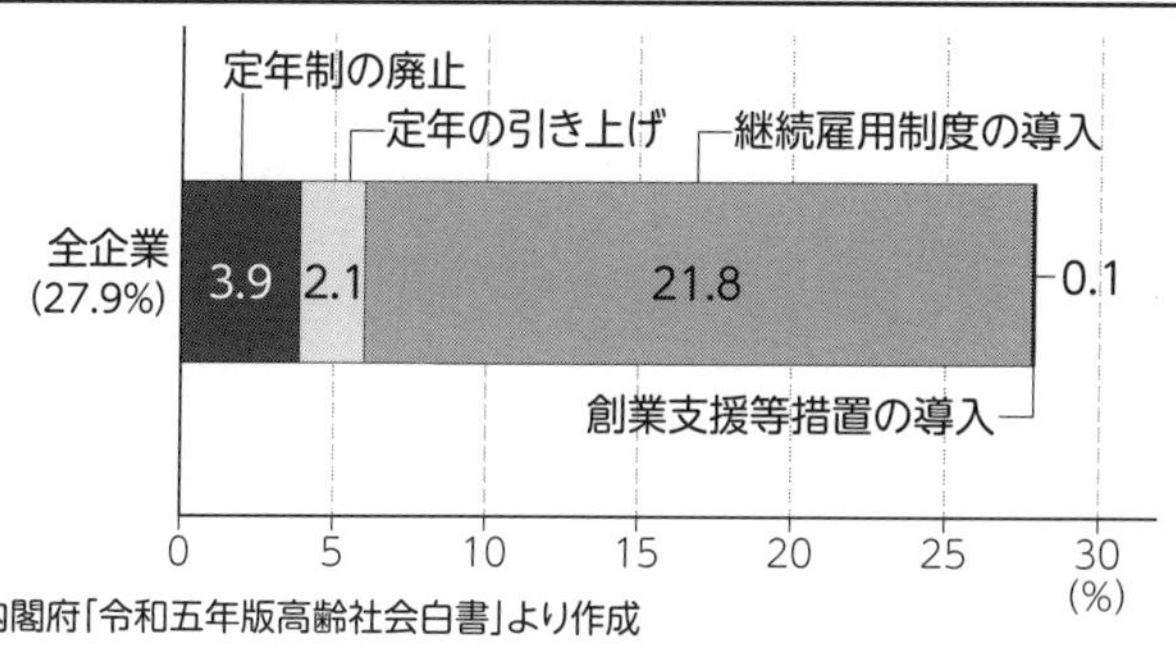

内閣府「令和五年版高齢社会白書」より作成

れています。

日本でも、人口減少、人材不足、年金不足を背景に、定年年齢の引き上げへと進むかもしれません。いずれはさらに、「定年」そのものを考える時代が来ることでしょう。同じ会社で終生働くかどうかは別として、「死ぬまで働くのが理想的な人生」という時代も実現するのではないでしょうか。

「老体に鞭打って働き続ける」なんて我々の時代の人間が思うことで、AIが普及する新しい時代には、今までにない生活をするのではないかと思います。

「死ぬまで元気に働く時代」がやってくると考え、仕事以上に健康に注目しましょう。体力や運動機能の低下、認知症等のリスクの高まりについて、今から考えていきましょう。

働けるうちはいつまでも

日本のシニア層は働く意欲が高く、しかも年々高まる傾向にあります。

仕事をして収入を得ている全国の六〇歳以上の男女のうち、「あなたは、何歳ごろまで収入をともなう仕事をしたいですか」という質問に「六五歳を超えても」と答え

図2　高齢期でも高い日本人の就労意欲

「働けるうちはいつまでも」と答える人が35%以上

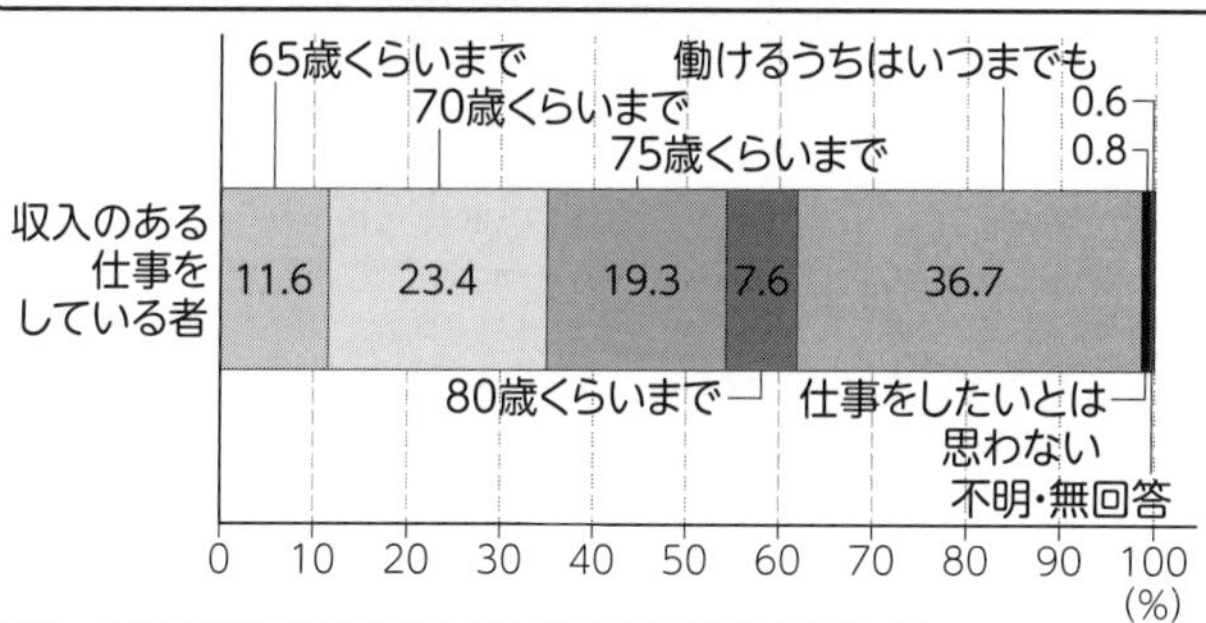

資料：内閣府「高齢者の経済生活に関する調査」(令和元年度)
(注)調査対象は、全国の60歳以上の男女
内閣府「令和五年版高齢社会白書」より作成

た人は約九割にも達し、しかも最も多い回答は「働けるうちはいつまでも」で全体の約四割を占めています（図2）。

また、我が国の二〇二二年の高齢就業者数は九一二万人、高齢者の就業率は約二五％と、いずれも過去最高となり、主要先進国のなかでも高い水準にあります。今や、日本の就業者全体のおよそ七人に一人が高齢者で、特に卸売業・小売業、サービス業、医療・福祉の分野では我が国の経済活動を支える大きな力となっているのです（総務省統計局「統計からみた我が国の高齢者」二〇二三年版データより）。

図3 ミドルシニア層における定年退職後の就労希望動向

「定年退職後も現在の勤務先で働きたい」人が多い

Q1

あなたは今後、就労することについてどの様にお考えですか。現在お勤めの方は、現在お勤めの会社を退職された後でお考えください。(定年退職を予定している55〜64歳1064人が対象、単位:%)

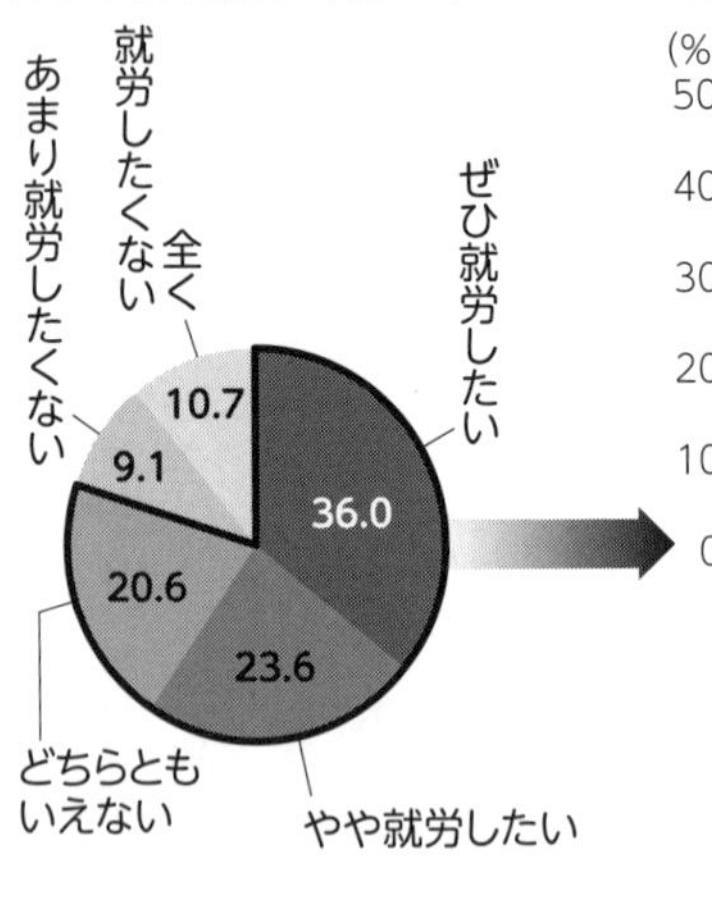

Q2

あなたは定年退職後も現在の勤務先で働きたいと思いますか。(定年退職を予定しており、今後「ぜひ就労したい」〜「どちらともいえない」と答えた55〜64歳853人が対象)

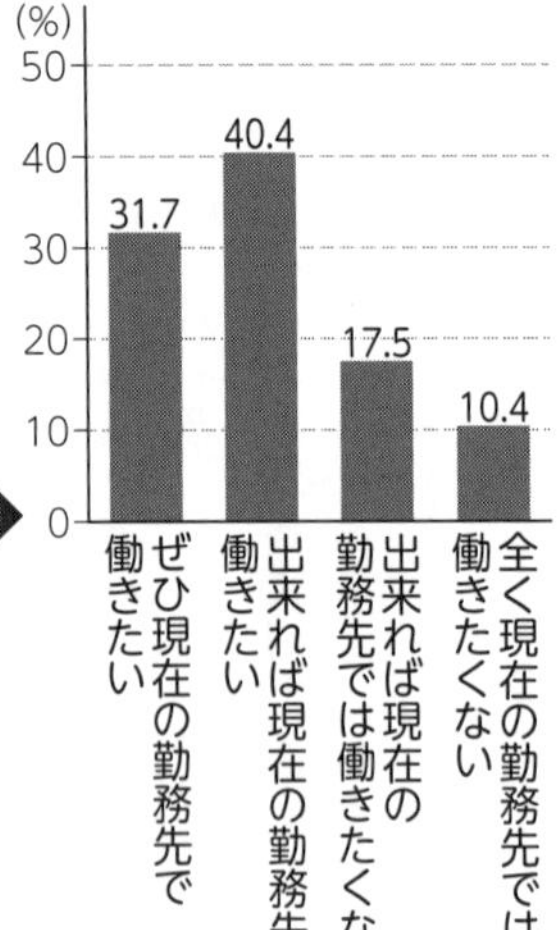

(株)リクルート ジョブズリサーチセンター「ミドルシニアが望む定年後のキャリアとは -『シニア層の就業実態・意識調査2023』分析レポート-」より作成

日本のミドルシニア層（五五〜六四歳）も、「定年退職後も現在の勤務先で働きたい」と希望している人が多いようです（図3）。定年後も引き続き雇用されている人が同じ勤務先を選んだ理由としては、「就労環境を変えたくないから」「今まで培ったスキルやノウハウをそのまま活かせるから」「転職後に新しい人間関係を築くのが面倒だから」などが上位を占めています。

たしかに継続雇用には慣れ親しんだ環境で働けるという利点がありますが、役職を失って給与が減る、やりがいのある仕事ができるかどうかわからないなど、デメリットもあります。これまでの経験を活かしたいのであれば、同業他社に再就職する道もあるでしょう。

組織に所属せずフリーランスとして働く、自ら起業する、興味のある別分野の仕事にチャレンジする、あるいは、収入は度外視してボランティア的な働き方で地域社会に貢献する、といった選択肢もあります。

どのような道を選ぶにしても、仕事を通じて社会参加を続けていけば、誰かに必要とされる喜び、自分の居場所をもっているという自信を得ることができる。第二の人生がより豊かなものになるのもわかりますね。

働き方はこんなに多様

高齢でも現役でバリバリ働く人たち

七〇歳までの定年引き上げや継続雇用、定年制の廃止などは今のところ「努力義務」ですが、企業のなかには継続雇用制度を工夫したり、年齢・性別を問わない採用方針を打ち出したりして、高齢者の雇用に積極的に取り組んでいるところも増えています。

そういう企業には、七〇歳どころか九〇代になっても現役でバリバリ働いている人もいます。また、六〇代、七〇代になっても現役で仕事を続けながら別の分野で起業するという「二刀流」で活動している人もいます。以下に、そうした人たちの事例をタイプ別に紹介します（年齢と勤続年数はいずれも二〇二三年現在）。

【継続雇用型――九三歳でフルタイム勤務の総務課長】

大阪市のネジ専門商社「サンコーインダストリー」（従業員約五〇〇人）で働く玉置泰子さんは、九三歳の総務部長付課長。バスと電車を乗り継いで片道一時間かけて通勤し、毎日、フルタイムで仕事をしています。

入社以来六七年間、総務畑一筋で経理や庶務を担当するうちに、経理の仕事で使う道具はソロバンから電卓に変わり、五一歳のときパソコンが導入されました。その年代だと新たなスキルの習得に及び腰になる人もいますが、玉置さんは積極的にチャレンジ。六〇歳を過ぎて表計算ソフトの使い方も習得し、今ではパワーポイントも使いこなしています。

周囲の社員は皆年下ですが、彼女は円滑なコミュニケーションを保っています。わからないことは二〇代の同僚にためらいなく質問し、年下の上司に丁寧な言葉遣いで接し、相手から訊かれない限り昔話はしない。「仕事の中心は会社。任された仕事では自分が主役という気持ちでいれば、年齢のギャップで周囲とギクシャクすることはない」と、玉置さん。二〇二〇年には、「世界最高齢の総務部員」としてギネス世界記録に認定されました。

【他業種への再就職型――六七歳で二度目の再就職、ひ孫世代とともに働く】

熊本市の本田民子（ほんだたみこ）さん（九〇歳）は、大手ファストフード「マクドナルド」のスタッフとして二三年間、週五日、午前七時半から三時間働いています。日本マクドナルドの国内約三〇〇〇店舗で最高齢のスタッフは富山県の九五歳の男性ですが、勤続年数では女性最高齢の本田さんが上回っているそうです。

本田さんは、市内の病院で六一歳の定年まで介護職として勤務したあと、大学の清掃スタッフに再就職。その仕事も六七歳で定年を迎え、「年齢不問」でアルバイトを募集している同社に再々就職しました。店長は孫と同世代、同僚はひ孫かそれより下の世代です。加齢による聴力の低下や白内障があるそうですが、「仕事をすることで元気を保てる。周りの手を煩わせないようにして、身体の続く限り頑張りたい」と、彼女は語っています。

【起業型――ワイナリー経営で地域に貢献する現役歯科医】

東京都あきる野市にあるワイナリー「ヴィンヤード多摩」の代表取締役・森谷尊文（もりやたかふみ）さん（七二歳）は、現役の歯科医です。大学卒業後に開業した歯科医院で診療を続けるかたわら、ワイン好きが高じて、六〇代でブドウ栽培を開始。六〇代半ばで会社を設立し、七〇歳を過ぎて、ブドウ栽培・ワインの醸造・販売の全工程を管理するワイナリーを完成させました。週に五日は歯科診療、二日はワイナリー経営という日々を送っています。

ワインづくりは趣味や道楽ではできません。森谷さんは、市から農地を借りるための面接で一度不合格になり、二度目で認可が下りたあと、必死に勉強して製造免許を取得。ブドウ栽培では雑草の除去、病気の予防、気候変化への対応など苦労が絶えず、農場長を兼務する専務が毎月、福島県にある「ぶどう学校」に通い、知識を蓄えているそうです。

「一所懸命働いて地域の福祉や活性化に貢献したい」と言う森谷さんは、地域の障碍者や高齢者の就労先として自社のブドウ畑を提供し、地元の間伐材を利用したワインボトルのラベルを障碍者支援施設で作ってもらっています。収穫の際には近隣住民も手伝います。こうしてつくられたワインは、あきる野市のふるさと納税返礼品にもなっています。

ここで紹介した方々は、「スーパーウーマン」や「スーパーマン」ではありません。働く意欲と、人一倍努力する気力と習慣を何十年ともち続け、健康の維持にも相当な努力をしているからこそ、今のような仕事ができているのだと思います。

きっと身体が、「働きたい。この手を使って何かをしたい」と要求しているのでしょう。そうであるなら、いくつになっても仕事を続けるべきだと私は思います。

加齢による衰えが多少あるとしても、本田さんのように「仕事をすることで元気を保てる」という人は、家族から「そろそろリタイアしたら?」と言われても、遠慮する必要はありません。遠慮しているうちに体調が悪化したら、永久にできなくなってしまうかもしれない。周囲に迷惑をかけない限り、自分がやりたいこと、自分にとっていいと思うことをやるのは、けっして身勝手ではないと思うのです。

人生はきれいごとばかりではありません。私自身の経験から言っても、長く仕事を続けるあいだには、躓いたり、転んだり、紆余曲折が毎日のようにあります。

九〇歳を超えて働いている玉置さんや本田さんの場合、時代背景を考えると、女性が働き続けること自体が大変なことだったでしょう。森谷さんの場合、本来の仕事と分野が違う、自然を相手にする仕事で起業するのは、苦労の連続だったと思います。

そうした困難や苦労を自分なりに受け止め、乗り越えて仕事を続けることは、本当に素晴らしい。そういう姿を見て、周囲の若い人たちは「自分もしっかり仕事をしなきゃ」と、よい刺激をもらっているに違いありません。

仕事はあるがマッチングが進まないシニア層

一九七〇年から二〇二〇年までの半世紀で、日本の高齢者人口は五倍弱に増え、高齢者の雇用数も四倍に増えました。

労働市場全体で言えば、高齢者を含めた求人の数は増加しています。シニア世代の多くも定年後に働きたいと思っていますが、セカンドキャリアとして望んでいる条件に合う求人は少なく、仕事はあるがマッチングが進まない状況にあるようです。

第一章で紹介したニッセイ基礎研究所の前田展弘さんによると、日本のシニア世代は「定年後の仕事」の面から、次ページ図4のようにⅠ～Ⅲ層に分けることができるそうです。

Ⅱ層の人たちが望む仕事の条件には、「自分が役立てる、感謝される」「楽しみがある」「マイペースで無理なく働ける」「主体的に働ける」「過度な責任はない」という

図4 定年後の仕事からみたシニア世代

	このような人	ルート	セカンドキャリアへの移行
I層 心配不要層	経営者、大学教授、有識者、弁護士、会計士、通訳など	民間派遣会社	顧問業、個人経営(起業)、企業・事務所への派遣など
II層 普通のシニア層	定年退職した会社員や公務員、子育てを終えた専業主婦など	民間派遣会社、シルバー人材センター、産業雇用安定センター	求人によくあるのは軽作業や送迎、運搬、保安などでセカンドキャリアとして踏み出したい選択肢が少なく、求人市場とミスマッチを起こしている
III層 生活困窮層	生計のために働かざるをえない低・無年金者	ハローワーク	仕事は限定的で少ない

ニッセイ基礎研究所・前田展弘氏への取材より作成

要素があり、こうした要素をかなり気にする人もいるそうです。

しかし、これらの条件にマッチする仕事はきわめて少ない。それが現実です。私が採用者の立場なら、「我が社としては、あなたが望む条件には応えられません。ほかの会社はいくらでもあるので、そちらをあたってください」と言います。こういう仕事じゃないとイヤだと固執すると、セカンドキャリアを築くのは不可能になります。現実をしっかり見て、そこからスタートしてください。

さらに、「働いて稼ぐ」よりも「自分が活躍し、貢献する」ことを重視しがちなため、求人によくあるような仕事（図4）なら働かなくてもいいという考えの人や、近所の人から「あそこのご主人は高齢なのにまだ働いている。お金に困っているのかしら」などと思われるのがイヤで一歩を踏み出せない人も、少なくないといいます。

「仕事のえり好み」「世間体を気にしすぎ」と言ってしまえばそれまでですが、最も層の厚いⅡ層シニアにマッチする仕事が少ないというのは、それはそれで問題。ミスマッチの解消も必須です。

再就職する気はあるのにやりたい仕事が見つからない人たちのなかには、家に籠もりがちになって朝から酒を呑みながらテレビを観たり、パチンコなど安あがりに時間を消費できるところに行ったりして、やりがいのなさをまぎらわすケースもあるそうです。これではますます再就職が難しくなってしまいます。

また、地域にある「シルバー人材センター」はⅡ層に対してはほとんど機能しておらず、人と仕事をつなぐ機関や社会システムがあるようでない、という問題もあります。

こうしたことから、定年後に思い通りの仕事がなかなか見つからなかったり、再就職はしたもののミスマッチに悩んだりする人は少なくないと思います。そうした人たちに持っていただきたい心構えについて、次項以下で詳しく述べることにしましょう。

定年してからの心のコントロール術

定年退職後はマインドリセットが必要

驚くことに、ある会社の副社長だった人が定年退職後に派遣会社を通じて次の仕事を探すとき、「前と同じような仕事はないか」と申し入れたと耳にしました。

そんなもの、あるわけないだろう！　まったくバカげたことだと思いましたが、似たような話がまだあるといいます。一部上場企業の元部長がハローワークで次の仕事を探すとき、

「前の会社ではどういう仕事をしていましたか？」

と職員に訊かれて、

「部長をやっていました」

と答えたという。こういう人にとって大事なのは、仕事の中身よりも自分の肩書なのですね。今までそういう働き方をしていたとしたら、笑えない話です。

私は前の会社でこんなに偉かった、俺は一流企業の部長だったんだぞ、といった考え方では、定年後に新しい仕事に就くのは非常に難しい。過去の自分にとらわれていると、求人市場の厳しい現実に直面したとき、「こんな仕事をしたら人がどう思うだろう」と世間体を気にして消極的になり、次の一歩がなかなか踏み出せません。

どんな立場にいた人でも、現実をベースにしてものごとを考えなくてはいけませ

ん。

自分の仕事にプライドをもつのは悪いことではありませんが、**過去のプライドをいつまでも引きずっていると、新しい環境にうまく溶け込めない**でしょう。

継続雇用にしろ、別の会社に再就職するにしろ、定年後の仕事では同僚や上司が自分より年下であることが多い。仕事人としての長いキャリアやプライドをもっているがゆえに、我が子と同年代の同僚にあれこれ指示されるのは面白くない、年下の上司から注意されるとムッとする、という人もいるでしょう。当然ながら、働く意欲が萎えてしまう人や、周囲と揉めて職場に居づらくなってしまう人も少なくないですね。

私が会社にいたとき、周りには年上の部下が何人かいましたが、各人の立場できちっと仕事をし、年下の上司である私に対して、非常に丁寧に接してくれました。

私のほうでも、相手が年上だからと遠慮することはなく、おかしいと思うことがあれば、年下の部下に対するのと同じように指摘してきました。

もちろん、言い方には気をつけていましたし、人前で叱るようなことはしませんでしたが、たとえ相手に嫌がられても、自分の考えはしっかり言うものです。本当は仕事のやり方を注意しなければいけないのに、相手が年上だから「まあまあですね」など言ってお茶を濁すのはよくありません。もし自分が逆の立場なら、そういうことはちゃんと言ってほしいと思います。

仕事というのは、年長者と若い人とが努力して協力し合い、影響し合うことで進んでいきます。お互いに、「若造のくせに生意気だ」「年寄りがエラそうにしやがって」などと思っていたら、仕事になりません。

年下の同僚や上司に囲まれるようになったら、ぜひ、自分から歩み寄る努力をしてください。年長のあなたがそういう姿勢を示せば、相手も自ずとその努力をするようになると思います。

ものごとは自分の考えどおりきれいに進まない

定年後はマインドリセットが必要だと言われても、「○○会社の××部長」として大勢の部下を率いていた自分が、単純労働をするなんてプライドが許さない、そんな姿を昔の部下に見られたくない——という思いから抜けきれないようでは落第です。

現役時代に高いレベルの仕事をしてキャリアを積んできた人たちを、定年後に高い報酬で雇い入れるようなシステムは、これから先も日本には出てこないと思います。

みなさんは当然おわかりだと思いますが、そういう人たちは概して、定年後もどうやっていい生活を維持できるか、どうやって遊ぼうか、どうやって友達を増やそうか、といったことに考えが向きがちで、高給を払って雇っても、仕事の現場では役に立たないことが多いからです。

経営者の立場からすれば、「これまで高給取りで豊かな生活をしてきて、定年後もさらに豊かな生活をするためにお金がほしいのであれば、儲かる分野で、自分の力で戦ってください」ということになる。それが現実なのです。

一方、収入はほどほどでいいという人には、福祉関連や地域貢献などの仕事に就き、社会のために自分を使うという道があります。

駅前やスーパーの駐輪場で自転車をきれいに並べたり、小学生の登下校時に学童擁護員として横断歩道で旗を振ったりする高齢者を、私もよく見かけます。いくつになっても人の役に立とうと懸命に働いているのは、本当に立派だと思います。

「そういう仕事なら、わざわざ働くことはない」と思っている人に、私は言いたい。

「社会のためになる仕事の何が悪いんだ！」と。

ただ、こうした仕事をしばらく続けるうちに、それだけでは物足りなくなってくるケースもあるようです。たとえば、地域社会のために毎日公園の周囲を掃除して、それなりの収入を得られるとしても、今まで何十年も会社勤めをしてきた人にとっては、それを「仕事」としてとらえることができず、物足りなさを感じるようになるのかもしれません。

多くの人は、歳をとっても自分のキャリアやスキルを活かせる仕事がしたいと思っていますが、ものごとは自分の考えていたとおりきれいに進んでいくとは限りません。むしろ、思いどおりにならないことのほうが多いものです。

税理士や一級建築士のような資格をもち、自分で事務所を構えている人でも、歳をとるにつれて仕事は減ってくるかもしれません。生活レベルを落としたくないなら、土日に軽作業などをアルバイト的にやるのもやむを得ない、ということになります。

子供が何人もいて、いちばん下の子が大学を卒業するまでは頑張らなければいけないという人は、五〇代でそういう生活をするかもしれません。

会社員であれ、自営業であれ、資格や専門スキルの有無にかかわらず、現実を受け入れ、現実をベースにしてものごとを考えなければいけない、ということです。

ギグ・ワーカーとしてのシニアの可能性

近年、インターネットを介して単発または短期の細分化された仕事を請け負う「ギグ・ワーカー」が増えています。増加の背景としては、人材不足、テクノロジーの進化、働き方の多様化、副業を容認する企業の増加などが挙げられます。

「ギグ（gig）」とはもともと、ミュージシャンが集まって突然始める一度限りのセッションや、ソロで行う単発の演奏を指す英語のスラングです。そこから派生した「ギグ・ワーク」は、一つの組織やルールに縛られない一度限りの仕事という意味で使われ、そのような働き方でお金が循環する経済は「ギグ・エコノミー」と言われます。

ギグ・ワークというと、コロナ禍をきっかけに急成長を遂げたフードデリバリーの「Uber Eats」を思い浮かべる人が多いかもしれませんが、次のような例もあります。

二〇二〇年、ヤフージャパン（以下、ヤフー）が「ギグパートナー（副業人材）」を公募したところ、四五〇〇人以上が応募しました。そのなかから「事業プランアドバイザー」「戦略アドバイザー」「テクノロジースペシャリスト」として採用された一〇四人には、日本居住者だけでなく、中国とフランスに暮らす二人が含まれています。年齢層も幅広く、最年少は一〇歳、最年長は八〇歳だそうです。

「ギグパートナー」は、原則としてヤフーと業務委託契約をかわします。契約期間や報酬、業務時間や業務をする場所は面談で調整されますが、基本的には出社をともなわないオンライン業務なので、時間や場所の制約なく働くことができそうです。この試みは成果を上げているようで、ヤフーではその後も「ギグパートナー」の公募を続けています。

定年退職した人には、勤務時間や勤務場所の自由度が高い仕事を望む人が多いようです。単に企業の就業規則などに縛られない自由気ままな働き方をしたいという人だけでなく、持病があるため定期的に病院で受診して薬をもらわなければならない人、そのような配偶者の付き添いをしなければならない人、ときどき孫の世話を頼まれるような人にとって、ギグ・ワークは現実的な働き方の一つと言えるでしょう。

前述したように、二〇二一年施行の改正高齢者雇用安定法では、七〇歳までの就業機会を確保するための努力義務として「社員から業務委託への移行」も選択肢の一つとなっており、今後はシニアのギグ・ワーカーも増加するのではないかと考えられています。

雇用する側にとっても、業務委託契約では雇用契約を結ばないため最低賃金などの縛りがない、という「うまみ」があり、シニア層には個人事業主として業務委託するというビジネス事例が増えているそうです。

ただ、企業にとってのこの「うまみ」は、すべてのギグ・ワークにあてはまるわけではありません。ギグ・ワークには、システムの設計・開発や財務会計など専門性の高いものから、料理・裁縫・スポーツ指導のように特技を活かせるもの、すきま時間にできる犬の散歩や墓参りの代行などの軽作業まで、さまざまな領域があります。

高い専門スキルを有する人材を低賃金で雇うことは不可能ですし、未経験者やスキルの乏しい人材を最低賃金以下で採用してもたいした成果は望めないので、企業側としては、仕事内容や人材の能力に応じた報酬を用意しなければならないのは当然の話です。

雇用される側としては、安心・安全に働くために、報酬の妥当性、就業に関する諸々のルール、業務上のトラブルが発生した場合の保障などをしっかり確認したうえで、業務委託契約を締結する必要があります。

定年後に起業を考えるなら「一人では何もできない」と知っておく

「定年後は何か新しい事業を起こそう。俺は大企業で大きなプロジェクトをいくつも成功させてきたのだから、きっとうまくいくはずだ」と考えている人もいると思います。

確かにそういう人は優秀で、これまで自分の責任で大きな成果を上げてきたという自負も強いことでしょう。しかし、そういう人であっても、定年退職後に「ゼロからスタートして起業するぞ」という気力を維持するのはかなり難しいと思います。

なぜなら、**人間は一人では何もできない**からです。

当たり前のことですが、仕事は「自分の責任」だけではできません。何人もの人の助けや励ましに支えられることで、成し遂げることができるのです。「自分一人でやった」というのは大きな勘違い。驕りというのは往々にして、こうした勘違いから生まれるということを、肝に銘じておかなければなりません。

企業で会長や社長をやってきた人も同じです。本人は「自分が会社を動かしてきた」と思っているかもしれませんが、実際には副社長や常務に「これをやっておいて」「あの書類はどこにある？　持ってきて」「この仕事は○○君に頼んでおいて」などと指示していただけで、自分では何一つやっていない。私自身、全部誰かに助けてもらっていました。

会社を動かすのは社員の総力です。社員たちが懸命に働いているからこそ、会社は動いている。しかし残念ながら、会社を辞めてから初めてそのことに気づき、「俺はいったい今まで何をやっていたんだ……」と愕然とする人は、けっして少なくないようです。

人間、一人でできることなど、たかが知れています。

たとえば、起業して自宅で仕事をするようになれば、顧客からの連絡や訪問の対応をはじめ、いろいろな面で一人では処理しきれないことが出てくるはずです。配偶者や家族のサポートがなければ、お客様への対応一つ満足にできないかもしれない。そういうことを考えておく謙虚さが必要です。

私の場合、以前は家の外に事務所を持っていました。日比谷、赤坂、半蔵門、自宅に近い川崎市など、何度かその場所を移しましたが、二〇二三年三月いっぱいで完全に事務所を閉めました。理由はコロナ禍やお金の問題ではなく、自分自身の体調の問題です。

病気をして事務所に行くのが難しくなって以来、お客様から連絡があっても直接対応できず、秘書とのあいだで「こういうご連絡がありましたが、どうしますか」「それはこうお答えしてくれ」といったやりとりが続きました。これ以上事務所を開けておくと、かえってお客様に迷惑がかかると判断し、自宅で一人で仕事をすることにしたのです。

もちろん、事務所を閉めるにあたっては、事前にワイフに相談し、了解してもらいました。自宅療養中でも会議や打ち合わせはオンラインでできるので、私自身に不自由は何もありませんが、ワイフの仕事はいろいろと増えるからです。

起業を考えている人は、つい自分の仕事のことばかりに注意が向きがちですが、家族への影響も考えておかないと、理解と応援を得るのは難しいでしょう。

どこを拠点に仕事をするか、配偶者のサポートはどこまで必要か、家族の誰かに秘書的な役割を担ってもらうのか、その場合の報酬はどうするのか、といったことをよく考え、事前に家族に相談して了解を得ておく必要があると思います。

高齢化より出生率の低下が問題

すでに述べたように、二〇二三年の日本の総人口に占める高齢者人口の割合は二九・一％で、過去最高を更新しました。国立社会保障・人口問題研究所の推計によると、この割合は今後も上昇を続け、第二次ベビーブーム期（一九七一〜七四年）に生まれた「団塊ジュニア世代」が六五歳以上となる二〇四〇年には三四・八％、二〇五〇年には三七・一％になると見込まれています。

他方で、労働市場における主力年齢層である生産年齢人口（一五〜六四歳の人口）は、二〇二三年には約七三九七万人で、総人口に占める割合は五九・四％でしたが、二〇四〇年は約六二一三万人（五五・一％）、二〇五〇年には約五五四〇万人（五二・九％）に減少すると見込まれています。

そのため、「労働力不足がさらに深刻化し、人材獲得競争に負けた企業では、一人あたりの労働負担が大きくなって労働環境が悪化し、事業の縮小や競争力の低下により存続自体が危うくなる」と懸念する意見も多々あります。

しかし私が思うに、二〇四〇年頃には仕事や生活のなかでＡＩやロボットが活用されているはずです。労働の主力となる若い人たちがＡＩやロボットを使って、それまで人間がやってきたことをやる時代になっているわけですから、日本全体の労働環境として考えれば、今騒がれているほど大きな影響はないのではないかと思います。

高齢者も、自家用車やバスの自動運転、ICT（情報通信技術）を活用したMaaS（Mobility as a Service　ニーズに対応して複数の移動サービスを最適に組み合わせて検索・予約・決済等を一括で行うサービス）、家事や介護をするロボットなどによって生活しやすくなるぶん、就労のチャンスは増えていると思います。

ＡＩやロボットに働かせて、自分はもっと新しい仕事を作り出していくんだという気概をもった高齢者や、豊富な経験を生かして地域社会や国のための仕事をしようという志をもった高齢者が増えれば、国民生活は物心両面で豊かになり、国家全体としてもプラスになるでしょう。そういう方向へ持っていかないといけません。

日本の総人口は二〇二三年には約一億二四四〇万人でしたが、二〇四〇年には一〇〇〇万人以上減の約一億一二八三万人になり、二〇六〇年には一億人を切って約九六〇〇万人になると予測されています。総人口が減少していくなかで、六五歳以上人口の割合が最終的に四〇％近くになったとしても、ＡＩ等を活用していけば、経済にそれほど大きな影響はないのではないかと私は思っています。

それよりもむしろ、子供が生まれてこないことのほうが問題です。

厚労省の人口動態統計によると、二〇二二年の我が国の合計特殊出生率（一人の女性が一生のうちに産む子供の数の指標）は一・二六で、七年連続で前の年を下回り、統計をとり始めてから最も低くなりました。

保育サービスの充実、教育コストの抑制、老後の生活に対する経済的不安の解消、働く女性たちが子育てをしながらキャリアアップを目指せる制度の拡充などに、国や自治体、企業が真剣に取り組まない限り、今後、出生率が急激に好転するとは思えません。

高齢者がＡＩ等を利用しながら経済活動に寄与するようになるのは素晴らしいことですが、その人たちは、いずれ世の中からいなくなります。やはり出生率の低下に歯止めをかけることが、日本にとっては喫緊の課題です。

ＡＩなんか怖くない

ＡＩ時代をどう生きるか

高度な文章や画像などを作成する生成ＡＩ（生成的人工知能、Generative AI）への注目は日々高まっています。

とりわけ、米国の新興企業「OpenAI」が開発した「チャットＧＰＴ」は、二〇二二年一一月の公開以降、爆発的に利用が広がっています。「チャットＧＰＴ」は、事前に学習させた大量のデータをもとにして、利用者のさまざまな質問に、まるで会話をするように自然な文章で答えます。ちなみに、チャット（Chat）は歓談の意味で、ＧＰＴはGenerative Pre-trained Transformer（生成可能な事前学習済み変換器）の略です。「チャットＧＰＴ」の回答にはときおり誤りもあり、まだ改善の余地は大きいようです。

たとえば、訓練に用いたどの学習データとも整合しないことを堂々と答えてしまう、「幻覚（hallucination）」や「作話（confabulation）」と呼ばれる問題があります。アメリカでは二〇二三年に、ニューヨーク州の弁護士が審理中の民事訴訟の資料作成に「チャットＧＰＴ」を利用したところ、実在しない判例の「引用」を六件もしてしまった例があります。

また、生成ＡＩには著作権侵害の問題もつきものです。生成ＡＩの訓練データとして使われた文章や画像をめぐり、作者や出版社などが生成ＡＩを運営する会社を相手取り、「作品を勝手にＡＩの訓練に使われ、複製された」として訴訟を起こすケースが多発しており、しっかりしたルールの策定が求められています。

さらに、生成ＡＩでフェイク情報（捏造した画像や映像、音声、文章など）を作って流通させ、詐欺・詐称、思考誘導、世論操作などに悪用するケースもあります。

とはいえ、ＡＩの進化は凄まじく、もう誰にも止められません。

アメリカの未来学者レイ・カーツワイルは、ＡＩが人類の生物学的知能を超える転換点（シンギュラリティ）は二〇四五年だと予測していましたが、実際の技術の進歩はさらに早く、シンギュラリティは二〇三〇〜二〇四五年に訪れる、との考えも出ています。

定年後に起業を考えている人が、個人としてシンプルなビジネスモデルの商売をする場合には、経営の主要な部分についてＡＩに判断させることはあり得るかもしれませんが、基本的にはＡＩが人間を使うのではなく、人間がＡＩを使い指示する時代がくると、私自身は考えています。

しかし多くの人は、「ＡＩに仕事を奪われるのでは」と、戦々恐々としているようです。ＡＩ時代にどう生きていくかは、日本だけでなく世界中の人たちに共通の課題です。ＡＩが人間を使うのか、人間がＡＩを使うのかが、将来予測の大きな鍵となるでしょう。

挑戦し変化する自分を楽しめれば、ＡＩは怖くない

先に私は、二〇四〇年頃には仕事や生活にＡＩが活用されていると述べました。「そんな先のことは自分に関係ない」と思ったかもしれませんが、けっしてそうではありません。

たとえば、二〇二四年の時点で六〇歳の人は、二〇四〇年には七六歳。まだまだ元気に働ける年齢です。その頃には、企業の多くが定年制を廃止するか、七五歳ぐらいまで定年を引き上げてその後も再雇用しているかもしれない。つまり、二〇四〇年に今の会社でまだ働いている可能性も十分あるわけです。

そのとき、ＡＩを使う立場で仕事をしているか、ＡＩに使われて仕事をしているか。それとも、ＡＩに仕事を奪われて「用済みの人」として放り出されているのか――。

それは、これからの大技術革命や、それと合致する各人への意識変革によって違ってきます。

「一〇〇％ＡＩを使うような人間にならなきゃダメだ」と思うなら、今すぐ仕事に対する考え方とやり方を変えるべきです。世間でもてはやされている「リスキリング（スキルの学び直し）」をしたところで、簡単に身につくスキルなど、一瞬でＡＩに追い抜かれてしまいます。

一方、「ＡＩが持ち得ない、人間独自のもの」に注力して仕事をするとなると、どんなことになるのでしょうか。

【仕事に感情のすべてを投入する】

ＡＩに感情や道徳観をもたせることができるか、という研究が始まっているそうですが、今のところＡＩには感情がありません。人間がＡＩに勝つには、自分のすべての感情を投入し、製品やサービスを使った人が「面白い！」と思ったり、「こういうものができて助かった、本当にありがたい」と感動したりするものを生み出すことが大事だと思います。

【コスパ、タイパばかり気にしない】

仕事を進めるうえで、コスパ(コストパフォーマンス)やタイパ(タイムパフォーマンス)を考えるのは大事ですが、それを重視しすぎると、さまざまな弊害が出てきます。

まず、仕事における人間関係が味気ないものになり、仕事自体からも人間味のある感性や感動が失われてしまいます。

新たな発想が生まれることも少なくなるでしょう。自分のコスパ・タイパ意識にそぐわない情報を「意味のないもの」として切り捨ててしまうからです。情報は有機的につながって初めて知識になり、その知識が自分の経験と組み合わさることで、新たな発想が生まれます。自分に都合のいい情報を断片的に知っているだけでは、何の役にも立ちません。

何より、コスパ・タイパ重視だと、仕事の内容よりも損得勘定やスピードを重視するため、仕事の質が落ちてしまいます。仕事の質が落ちれば信用も落ちるのは自明の理です。

そもそも、人間はコスパやタイパではAIに太刀打ちできません。効率よりも、目の前の仕事に一ミリたりとも手を抜かないことのほうが、よほど大事だと思います。そういう誠実な仕事によって、顧客や取引先、社会からの信用や信頼が得られるのです。

多くの人は、歳を重ねるにつれて保守的になり、変わることを恐れるようになります。

若い頃に比べて好奇心が薄れ、新しいことを知ろうという意欲が減ってしまうからでしょう。病院通いや介護などで仕事をする時間を確保するだけで手いっぱいになり、新しいことを学ぶ時間がなかなかつくれない、という事情もあるかもしれません。

しかし、ITやAI技術の進化によって、一つのスキルで一生食べていける時代は「過去」になりました。何歳になっても、新しいことに挑戦していかなければなりません。

定年前後の年齢であっても、変わろうとする意欲が旺盛な人には「伸びしろ」があります。知識を貪欲に吸収し、若い人に教えを請い、目の前の課題に全力で取り組めば、それまで蓄積してきた経験との相乗効果もあり、どんどん伸びていく可能性があるのです。

逆に、変わることを恐れたり億劫がったりする人は、やりがいのある仕事から遠ざけられ、人も離れていき、やがて自分の居場所をなくしてしまうかもしれません。

「新しいものに挑戦することを面白がり、変化していく自分を楽しむ」という意識を今からもてるかどうかで、老後の数十年間の生き方は、大きく変わっていくはずです。

ボランティアという選択肢

地域活動やボランティアで輝く生き方もある

仕事というのは、なにもお金を得るためだけのものとは限りません。定年後に働かなくてもいい環境にある人は、社会への恩返しのような行動はできないかということも、一度考えてみようじゃないですか。

生活の手助けや介護が必要で困っている人を援助するボランティア活動や、地域の自治会活動など、いろいろな道があるでしょうね。私も若ければ考えてみたいところです。

ボランティアや自治会の活動は、自分の存在が誰かの役に立っていると実感できます。その実感は、めぐりめぐって自分が生きていくうえでの力になります。自分の健康状態や生活パターンに見合う範囲でやってみましょう。

ただ、これまで仕事中心に生きてきた人は、地域社会に入っていくことに二の足を踏むかもしれません。「○○会社の部長の山田一郎」から「××市に住んでいる山田一郎」になったとき、ギャップを感じて孤独感に襲われるかもしれません。

もともと日本の男性は、自分から積極的に他者と交流しようという意識が女性に比べて希薄で、「社縁」が切れてしまったあと、地縁に目を向けて人間関係を広げようとする人は少ないといいます。自分とキャリアや価値観が近い人を好む傾向もあるため、いざ定年退職後に地域社会に出てみると、本当にいろんな人がいて面食らうこともあるでしょう。

しかし、怖がって引いてしまうことはありません。地域の一住民として生きる以上、自分を変えていく勇気をもたないといけません。

これまで自宅と会社を往復するだけで、近所の人の名前もゴミ出しのルールも妻に言われないとわからないような人は、マインドリセットまでいかずとも、自治体発行の広報紙や町なかにある告知板などから情報を多少なりともインプットしておくほうが、少しは地域社会に入っていきやすくなります。

「俺が、俺が」はやめなさい

現役時代にそれなりのポジションにいた人が、定年退職後にボランティア活動や自治会活動、地域ごとにある「老人クラブ」のような場に参加したとき、自分の前職を自慢げに話したり、**「俺はおまえたちとは違うんだ」と言わんばかりに仲間に対して偉そうに指示をしたりして、周囲の人から嫌われてしまう**、という話を耳にすることがあります。

地域のコミュニティで人間関係を築く最初の段階で、自分のことを知ってもらうために自己PRをしたら、それが裏目に出て、「自分のことばかり喋っている」と思われてしまうケースもあるそうです。

組織のなかである程度上の役職に就いている人は、周りの人たちが気を遣ってくれるため、自分は偉いと勘違いしがちです。そこに気付かないと、定年退職後も「俺が、俺が」という傲慢な態度が抜けず、周囲から浮いてしまうことになります。

どんなに前の会社や役所で偉かったとしても、組織の看板が外れれば、ただのオジサン、オバサン（ジイサン、バアサン）です。

そんなに過去の肩書にすがって生きたいのなら、首から「私は一部上場企業の部長でした」「〇〇省の高級官僚でした」と書いた札をぶら下げて歩いたらいい。

そのほうが、周囲の人たちを笑わせてくれるだけマシです。

加齢は成長のチャンス！

成長を続けたいなら「死ぬまで努力」

「俺が、俺が」という傲慢さの裏には、「自分は人一倍努力してここまで来たんだ」という自負心もあるのかもしれません。

私は、元巨人軍監督の川上哲治さんと何度かお話しし、「努力」についても語り合う機会がありました。川上さんは現役時代に「打撃の神様」と呼ばれ、監督時代にV9を達成して巨人軍の黄金時代を築き上げました。彼は、こんな話をしてくれました。

現役時代に、巨人オーナーの正力松太郎さんに「打撃の神髄をつかんだ」と言うと、正力さんから岐阜の禅寺・正眼寺の梶浦逸外老師のもとに行くよう諭された。正眼寺で自分がどんな努力をしてきたか述べると、梶浦老師からこう言われて喝を食らった。

努力するというのは心にまだ一物があるからだ。これを一所懸命やれば偉くなる、カネが入るといった邪念はないか。そんなものは本当のプロではない。駆け出し以前の者のやることだ。努力しているという気持ちがなくなるぐらいやってみろ。邪念を払え、と——。

川上さんにすれば大変なショックだったはずです。しかし、そこから彼は多摩川のグラウンドで壮絶な打撃練習を始めます。疲れて倒れるまでバットを振り続け、倒れても立ち上がってまたバットを振る。それをさらに続けて、もうこれ以上できないという段階を超越すると、とにかくバットを振ることが楽しく、疲れも苦しさも忘れてしまう。この「三昧境（さんまいきょう）」に達したとき、「ボールが止まって見える」という感覚に襲われたといいます。

野球に限らず、あらゆる仕事において、「三昧境」に達するぐらい努力を続けなければ、「自分は努力している」などと言ってはいけないと、心すべきです。

川上さんは、V9時代の巨人軍がなぜ強かったのかという話に及んだとき、「長嶋茂雄と王貞治の二人がいたからだ」と言われました。

長嶋と王という傑出した二人の選手がいなければ、自分たちの成功はなかったと自覚していたのです。本当の努力をした人には、そういう謙虚さがあります。「あの仕事は俺が人一倍努力したことで成就した」などと言うのは思い上がりというものです。どんな人間も、そんなに格好よく生きられるわけがない。なぜなら、百点満点の人間などこの世にいないからです。**人間には、プラスもあればマイナスもある。○だけでなく、△も×もいっぱいある。**だからこそ、努力を続けなければいけけないのです。

毎日努力を続けていると、あるとき、今まで気付かなかった自分の能力や才能が開花する瞬間があります。「あ、仕事のコツがわかってきたかも」「難しいと思っていた仕事が苦にならなくなってきたぞ」と感じる経験が、皆さんにもきっとあるはずです。

こうした瞬間を、遺伝子のなかに眠っていた能力が開花したという意味で「ＤＮＡのランプが点る瞬間」と私は呼んでいます。

このランプが点るまで、努力を続けることが大事です。一回ランプが点ったらそれで終わりではなく、さらに努力を続けていけば、次のランプ、そのまた次のランプが点ります。つまり、いくつになっても成長できるということです。

棺桶に入る直前だって、ＤＮＡのランプは点るかもしれない。六〇そこそこで「人の何倍も努力してここまで来た」と満足して努力をやめてしまうのは、これから先の数十年間に味わえるはずの「成長する喜び」を、みすみす捨てて生きるのと同じです。

偉人に学ぶシニアの底力

死ぬまで努力を続けて大きな仕事を成し遂げた偉人の言葉には、シニアの底力とでもいうものがにじみ出ていて、二一世紀を生きる私たちを力づけてくれます。

最も有名なのは、我が国初の実測日本地図「大日本沿海輿地全図」を作った伊能忠敬（一七四五〜一八一八）でしょう。

忠敬は、下総国（今の千葉県）佐原村で酒・醤油の醸造業を営む伊能家の婿養子となり、傾いていた家業を立て直すために夢中で働くかたわら、独学で天文学や測量術を学びました。四九歳（満年齢、以下同）で隠居し、翌年、本格的に天文学を学ぶため江戸に出て、一九歳年下の幕府天文方・高橋至時に入門。寝る間を惜しんで天体観測に励みました。

全国の測量を開始したのは五五歳。当時としては完全な老人です。足かけ一七年にわたり一〇回の測量を行いましたが、日本全図の完成前に七三歳で没します。弟子たちが完成させた日本全図は、当時としては群を抜く完成度で、のちに明治陸軍でも資料として使われました。

忠敬が測量を始めたのは幕府に命じられたからではなく、「地球の大きさを知りたい」という夢をかなえるために、緯度一度分の正確な距離を突き止めたかったからです。当時、日本近海に外国船がしばしば現れていたため、「国防のために精密な地図を作る」との名目で幕府に測量を願い出て許可されました。このあたりは、なかなかしたたかです。

しかし、幕府から支給される手当はわずかで、測量行に必要な多額の資金は忠敬が私財を投入して負担しました。伊能家は佐原村の名主でもあり、当主時代の忠敬は、利根川の氾濫、浅間山の大噴火、それにともなう天明の大飢饉の際にも、堤防の修復工事や難民の救済に私財を投じています。

忠敬の「生きる指針」が商人としての正直さ・合理主義・謙虚さであったことは、家督を継いだ長男にあてた「伊能家家訓」に表れています（以下、現代語訳）。

一　仮にも人に対して嘘偽りをせず、親に孝行、兄弟仲良く、正直であれ。
二　目上はもちろん目下の人の意見もよく聞き、納得のいく考えは取り入れよ。
三　人に対する敬意と謙譲をもって言動を慎み、けっして人と争いなどせぬように。

これらの「指針」に加えて、年齢にとらわれず心からやりたいことに挑戦して努力を続ける気力、天文や測量のすぐれた技術、したたかな行動力、商家の主として培った統率力、財力があったからこそ、全国測量事業を成就できたのでしょう。

「富嶽三十六景」や「北斎漫画」などで知られる葛飾北斎（かつしかほくさい）（一七六〇〜一八四九）は、江戸時代では異例の長寿といえる八八歳で没するまで、何度となく新しい画風に挑戦し、確立させせました。七五歳のときに絵師としての気概を記した一文が有名です。

「七〇歳前の作品は取るに足らず、七三歳で生き物の骨格や草木の出生の理をいくらか知ることができた。努力を続ければ八〇歳でますます上達し、九〇歳で奥義をきわめ、一〇〇歳で神妙の域となり、百何十歳に至って描くものの一点一格が生きているようになるだろう。長寿を司る神よ、私のこの努力への言葉が偽りでないことを見ていてください」

臨終の際に北斎は、無念の言葉を遺したといいます。

「天が私をあと一〇年、いや五年生かしてくれれば、真の画工となれたのに……」

生涯をかけて一つの仕事に没頭したのみならず、仕事を通していつまでも成長を続けようとした執念が感じられる言葉です。

働くことは生きること

多くの人は、仕事を完全に辞めた瞬間から、人間関係もばっさり断たれてしまうと思います。前にいた会社の人から「今、何してるの？」と連絡があっても、「何もしてないよ」という答えでは、「連絡したところで意味はない」と思われてもしかたないでしょう。

繰り返し言いますが、仕事をしているからこそ人や社会とつながっていられるし、少しでも社会の役に立っているという実感が生きる力になる。働くことは生きることなのです。

社会とのつながりや生きる力を失いたくないなら、日々の生活での気付きや思いつきをメモし、仕事に関することは会社の後輩に連絡する、というのも一つの方法です。

私自身、散歩をしているときや電車に乗っているときに思いついたことを手帳に書き留めていると、「ちょっと待てよ。この考えは仕事に使えるんじゃないかな」と思うことがあります。そういう場合は翌日、会社の後輩に電話をして、「俺が会社にいたとき、きみは課長をやっていただろう。俺はこういうことを考えたんだ。ちょっと一回検討してくれよ」などと言うことがあります。

皆さんも、こういうかたちで前の仕事と関わることはできるのではないでしょうか。

もちろん、これでお金をもらおうというのではありません。あくまでも、仕事に対する熱意の表れというものでしょう。

仕事をしていたときには何も閃かなかったのに、会社を辞めて散歩や旅行や映画鑑賞などをしていると、かえっていいアイデアがぱっと浮かんだりするものです。それを後輩に伝えれば、自分の属していた組織や後輩への貢献になり、ひいては社会への貢献にもなる。自分が次に何か仕事をしようという気になったときにも、役立つかもしれません。

そういうふうにものごとを考えて生きていくほうがいい。「俺はもう仕事を辞めたから前の会社は関係ない」と、完全に離れてしまいたくないですね。

「丹羽さんは社長だったからできるんだ。自分にはそんなことできませんよ」と思うかもしれませんが、伝えるアイデアの中身しだいでしょう。やってみたらよいでしょう。ただし、会社にいたときは切れるタイプではなかったのに、定年退職したらいろいろといいことを言ってくれるようになった——そんな評価を期待してやることじゃありませんよ。

思いついたときには「こんなこと」と思わずに手帳に書くことを一年ぐらいやってみて、二年目はそれらのメモを読み返し、新たな気付きをまたメモする。考える度合いが大きければ大きいほど、考える期間が長ければ長いほど、そのテーマに対する熱意も増します。

絶えずものを考え、「あっ」と思うことをメモする習慣を身に付ければ、ものの見方が変わります。何を見ても自分に引き付けて考えるようになり、他人事ではなくなるのです。メモを書き続けてノート一冊分になったら、たいしたものです。これを小説にしようかと思う人だって、実際に出てくるかもしれません。「バカらしい」と思うなら、いっぺんバカになったつもりでやってみてください。人生が変わるようなこともあるかもしれません。

いくつになっても仕事について自分事と考え、迷惑をかけない範囲で自由に気持ちよくやることです。そうしてときどき、昔の仕事仲間に「俺は元気だよ!」と話せれば幸せですね。

第五章　人生の価値は最後に決まる

いま振り返る家族との思い出

心に残る祖母の言葉

年をとるにつれて、ふとした拍子に自分の人生を振り返るようになるものです。子供の結婚、孫の誕生と成長、親の介護や看取り、大切な先輩や友人の死など、人生の大きな出来事に遭遇することが増え、「生老病死」について考えざるを得なくなるからかもしれません。

自分はどういう生き方をしてきたか。人生における幸福とは何か。老いとは、死とは——。今までの話をまとめる意味で、この章ではそうした根本的なテーマについて考えてみたいと思います。

若い時代の数々の思い出から始めることにしましょう。

まず、いちばん心に残ることは何だろうか？

子供の頃、祖父母によく言われた言葉。

「どこでもいつでも、神様、仏様は見てござる」

「本を好きになるんだぞ」

神様、仏様は、あなたをよく見ている。誰にもわからないと思って嘘をついても、神、仏は全部知っている。どこへ行っても、どんなときも、嘘をついてはいけない。悪いことをしてはいけない――。祖母からは、そう何度も言われました。

私の記憶に鮮明に残っているのは、祖母が家の仏壇の前で手を合わせている場面です。

どの家にでもいるような「普通のおばあちゃん」でしたが、祖母の言葉は会社に入ってからも折に触れて思い出しました。逆境にあるときには励まされている気がしました。

「どんなときでも、どんな立場になろうとも、自分を見ている人が必ずいる。上司、同僚、部下、取引先、友人、家族……。だから、努力を怠ってはいけない。どんなに苦しくても、けっして諦めてはいけない。ラクをしてよい目を見ようとしたら、必ず報いがある」

という言葉として心に刻んでいました。

祖母の教えは、いつしか私の心の糧となってきたようです。

そして今、八十余年の人生を顧みて、やはりその教えは間違いではなかったと思っています。

祖父母と孫は特別な関係

大学を卒業するまで、私は名古屋市内の実家で暮らしていました。祖父母と両親、兄と私と弟、妹二人の九人家族で、それほど豊かでも貧しくもない、ごく一般的な家庭です。

五人きょうだいのなかでも、祖母は私を気にかけているかのように感じました。それは、私が次男坊だったからかもしれません。

私が小さい頃は、どの家でも長男は「王子様」で、すべてにおいて優遇されていました。

終戦後の生活は物不足です。我が家でも、おいしいものは第一に兄貴が食べてしまう。病気をすると卵を食べさせる。それも兄貴第一。とにかく長男を大事にするというのは、当時の田舎の人の誰もが当然と思っていることでした。

着る物も、長男は最初から全部新品です。我が家は兄弟三人の年齢が一つか二つずつしか違わないので、少しくたびれた兄のお下がりを私がさらに着潰して、弟のところにいくまでに傷つき汚れていくため、かえって三男坊の弟は傷や汚れのない新品です。文房具も日用品も同じようになります。

だから中学時代には、下村湖人（しもむらこじん）の『次郎物語』を夢中で読みました。私と同じ次男坊の次郎が、さまざまないじめや苦難を経て成長していく物語です。

「次郎よ、おまえもいつもお古か……。俺と同じだ。ああ、かわいそうに」

と、涙を流しながら読むうちに夕飯の時間になり、「ご飯よー」と母が二階に向けて呼んでも、涙を拭くのですぐに茶の間に行けず、困ったこともありました。

親としては、長男である兄をなかなか叱れず、弟はまだ幼いので大事にする。子供心には、真ん中の私はいちばん風当たりが強い損な立場。子供のひがみの最たるもので、「何かあれば俺だけよく怒られる」と思うことがありました。祖母は、

「そんなに厳しいことばかり言って。この子も一生懸命やっているんだから」

と、母に言ったりしてくれたようです。兄と弟に挟まれて、いつも「理不尽だ」とひがんで思っていた私は、それでだいぶ救われていたかもしれません。

両親の家庭での教育が非常に大事であることは言うまでもありませんが、親は仕事で忙しい世代ですし、我が子に対してどうしても厳しく接しがちです。それを補ってもらう意味で、子供たちはどうしても祖父母に甘えっ子になりがちです。

社会人になったばかりの頃、お金がなくなって実家に帰り、祖母から内緒で小遣いをもらったことも記憶にあります。

前述したように、私の給料は本代と酒代と寮費の支払いですぐに消えてしまいます。母は、私が子供の頃にもらったお年玉や入学祝いを銀行に預けてくれていましたが、そんなものは社会人になったとき大部分引き出し、使いはたしていた気がします。そのうえ当時は、会社の先輩にあっちで一〇〇〇円、こっちで二〇〇〇円と借金をしていました。

祖母は、私の帰省はたぶんそんな事情もあってのことだろうと思っていたようで、

「おばあちゃん、帰ってきたよ」

と声をかけると、それなりのお小遣いを内々にくれたものでした。

祖母は、きょうだいのなかでただひとり名古屋を離れて生活するようになった私のことを特に気づかってくれていたような気がします。

読書の楽しさを教えてくれた祖父

私が育ったのは名古屋市西南部の町。祖父は我が家で本屋を営んでいました。この町で六つの小学校の全教科書を取り扱う、地域で唯一の本屋です。

私は幼い頃から、店の書棚に並んでいる本から興味ある一冊を抜き取っては、読みふけっていました。売り物なので汚さないよう気をつけながら読み、読み終えると元に戻してまた次の本を抜き取る、という繰り返しです。子供向けの伝記や文学全集から、『夫婦生活』といった大人専用の雑誌まで密かに盗み読みしていました。

その意味で、祖父は私が読書好きになるきっかけをつくってくれた人です。

本屋の名前は「正進堂（しょうしんどう）」。正しく進む、というわけです。祖父がそういう真面目な人だったのか知りませんが、働き者だったことは確かです。当時としてはかなり背が高く体力もあり、ずいぶん遠くまで自転車に乗ってたくさんの本を運んだりして、兵隊じゃないかと思うほど逞しかった。

戦後、家から歩いて五分ぐらいのところにある銭湯に、祖父はいつも真っ先に行っていました。私もそのあとを追いかけていく。今思えば、楽しい時代でした。

父から受けた株の実地教育

父は、名古屋市の中心街に事務所をもち、通信機器の卸業をやっていました。通信機器のいくつかの部品を他社に委託して製造してもらい、それを組み合わせて商品にして、日本電信電話公社（現・NTT）に納める仕事でした。

そういう仕事をしていたため、父は電機メーカーなど何社かの株に投資し、毎朝、自宅を出て事務所へ行く前に必ず証券取引所に立ち寄り、株価をチェックしていました。

中学二年のとき、父は私に「こうやって株価をグラフにしてくれ」と言い、そのやり方を教えてくれました。新聞の株式欄の数字を毎日チェックして、父が投資している株価の上がり下がりを示す罫線をつくり、週に一回、それらをまとめて一つのグラフにするよう言いつけられたのです。

父が私に頼んだのは、いつも本ばかり読んでいて兄より暇そうに見えたからでしょう。弟や妹たちは、まだ外で走りまわって遊んでいるような歳でした。

この作業を続けるうちに私は、なぜ株価が上がったり下がったりするのか、その背景に興味をもち、株の値動きに影響する企業動向や政治・経済のマクロな動きを報じる新聞記事の見出しを、ノートにメモするようになりました。

父のおかげで新聞をよく読むようになり、経済にも関心がでてきたわけです。その結果、通っていた中学の先生も知らないようなことまで知るようになりました。

高校に入るまでの約二年間、それらの作業を続けました。

のちに伊藤忠に入社して、この経験が血肉となり身体にしみこんでいたと感じました。最初に配属された食糧部で、誰にも教えてもらわずに、穀物相場の変動を赤と黒の罫線で描くことができたのです。それを見た先輩が、「えーっ！　きみはそんなことを知っているのか。ふつうは会社に入る前にそういうことを習わないよ。どうやって覚えたの？」と訊くので、

「中学生のとき、父の仕事の関係で覚えました」

と答えると、先輩はさらに驚いていました。

その後も、上司から相場の値動きをよく知っているなと言われたり、予想外の価格変動が起きたとき、その背景にはこんな理由があるのだろうと推測して、とっさの対応ができたのは、中学時代の経験のたまものです。

今思えば、三人の兄弟のなかで私だけが、父から特別に株の実地教育を受けていたようなものです。よく中学生にそういうことをさせたものだと思います。

後年、「あなたのお父さんには『この子が社会に出たら、きっと何かの役に立つぞ』という予感があったのかもしれない」と言う人もいましたが、まったく的外れな言葉です。

父は将来、私が会社で相場商品を担当するとは、考えもしなかったはずです。

弱い者いじめを許さない気性は母譲り

母は専業主婦で、祖父が年老いて働けなくなると、本屋を手伝っていました。

そのかたわら、地域の貧しい人たちや、生活のさまざまな面で生きづらさを感じている人たちの手助けをする民生委員のような仕事もしていて、自分のことよりも困っている人たちに目を向け、いつも「大丈夫？　大丈夫？」と気遣っていました。

社会的に弱い立場にいる人をバカにするようなことは断じて許さない。どんな権力者であっても弱者に対して偉そうにする奴は許さない、という雰囲気が伝わってくるくらい、「困っている人を助けるんだ」という思いの強い母でした。

その点は、私の気性もとてもよく似てきているように思います。

会社に入って二年目のとき、一年後輩のA君が先輩にいじめられている場面に遭遇したことがあります。その先輩は皆の前で、

「何度言えばわかるんだ！　こんな簡単なことを何度も間違えて。俺たちがどんなに迷惑していると思うんだ！」と、A君を高圧的に怒鳴りつけていました。

A君は真っ青になってちぢこまり、「すみません、すみません」とひたすら謝っているのに、先輩は今までのA君のミスを次々とあげつらい、ヒステリックに小言を続ける。周りの社員たちは、嵐が通り過ぎるのを待つという体で、身を固くしてシーンとしています。

ついに私は我慢ならなくなって立ち上がり、

「なんだ貴様、いい加減にしろ！　本人はもう十分謝っているじゃないか！」

と、先輩に対して啖呵を切り、我が身を捨て大声を出してしまいました。アホとしか言いようのない性格が出てしまったのです。

その場はどうにか収まりましたが、あとで上司から、「いくらなんでも先輩に対して『貴様』はないだろう」と諭されました。

たしかに言葉遣いには気をつけるべきでしたが、「権力を振りかざして弱い者をいじめる奴は許さない」という信念は、形や態度は変わっても、実質その後も変えたことはありません。

こうして昔を振り返ってみると、私の人生の指針である「正直、清潔、美心」「人は自分の鏡」や、「働くことは生きること」という人生観、「弱い者いじめは許さない」という行動規範は、どれも間違いなく祖父母や両親の影響を受けているようです。

今では祖父母と暮らす子供は少ないかもしれませんが、いいことも悪いことも、子供たちは両親や祖父母の生活態度を見て心に刻んでいくのだろうと、改めて思うのです。

大切な人との別れ

いくつになっても変わらない親心

大学時代の私は、権力を振りかざしての理不尽は許さないという気性が顔を出し、学生運動に参加して六〇年安保闘争に力を入れ、法学部の自治会会長や県学連の役員をやっていました。

当時の地方都市では、息子や娘が学生運動をやると白い目で見られ、陰で悪口をささやかれたりしたものです。それでよく母から、

「おまえが学生運動なんかやって自治会会長の丹羽なんて名前まで出たせいで、娘たちはもうお嫁に行けない。本当に勝手なことばかりして。いい加減にしなさい！　自分のことばかり考えないで、少しは私たちのことも考えたらどうなの！」と、叱られました。

名古屋大学を卒業して東京で就職すると言ったときには、

「なんで東京に行くの。名古屋にいて役所か銀行に勤めるか教員になれば、安定した生活ができるのに。親きょうだいもいて家もあるのに、何の不満があって東京へ行くの」

と母から責められ、

「毎日家と勤め先を行ったり来たりして安定した給料をもらうなんて、面白くない」と言い返すと、何を勝手なことを言うのかと、さんざん説教されました。

親には「東京へ出て仕事をしたい」という名目にしていましたが、本当は、「もう名古屋にいたくない。周りから本屋の息子だと見られるのはウンザリだ」と思っていたんです。

当時、「本屋の息子」といえば、勉強ができてお行儀のいい模範生でなければなりませんでした。学校で悪い成績をとろうものなら、「本屋さんの息子なのに」という目で見られてしまう。私が小さい頃から勉強だけはちゃんとやったのは、そういうことも影響していたと思います。

実家があるのは小さな町でした。町の外であっても、女の子と手をつないで歩いたり、パチンコ屋に入ったりすれば人目につき、すぐに「正進堂の息子があんなことをしている」と言われてしまう。実際、「お宅の宇一郎さんが……」と、大学生になってまで母に告げ口されました。

そういうことがイヤでイヤで、早く名古屋から出て自由に生活したかったのです。

学生運動や東京で働くことに猛反対した母ですが、私が社会人になってからは、何かと気遣ってくれました。五人きょうだいのなかで名古屋を離れたのは私だけ、ということもあったのかもしれません。

名古屋で私の通っていた小中高校の同窓会があるたびに、母と兄は私に知らせ、「幹事さんに連絡しろよ」「せっかくだから帰ってこられないの？」などと言ってくれました。

母は、私がニューヨーク赴任中も、国際電話で同窓会があることを教えてくれました。

結局、私は同窓会には一回も出ませんでしたが、「親というのは子供がいくつになっても、やっぱり親なんだな」と思ったものです。

生きているあいだにどういう関係を築けたか

母は、病気や怪我で入院したこともありましたが、九〇歳近くまで元気でした。

母が危篤状態になったとき、私には大阪で講演の仕事が入っていました。キャンセルすれば、講演を楽しみにしている人たちや主催者に迷惑がかかってしまいます。結局、その仕事を全うしたため、死に目に会うことができませんでした。

母の死は、これまでの私の人生で最も悲しい出来事です。

若い頃にはぶつかったこともよくありましたが、母は、私たちきょうだいを一所懸命に支えてくれた大きな存在でした。五人きょうだいのなかでも自分は母に心配ばかりかけ、親孝行らしいことをしてこなかったという思いも強く、よけいに悲しく、涙はとめどなく、心を痛めました。

その喪失感はたとえようもなく、今思えば、生活に大きな変化を余儀なくされたように思います。

父の臨終にも私は間に合いませんでした。きょうだいのうち二人はすでに亡くなりましたが、いずれも死に際に立ち会っていません。東京と名古屋は近いようで遠く、肉親が息を引き取る瞬間に立ち会ったことが、責任ある役職にいた私にはありませんでした。

仕事関係でも、大切な人の死に目に会えたことはほとんどありません。連絡をいただいても仕事の関係ですぐ飛んでいくことができず、お会いしたくても間に合わないことが多かったのです。

若い頃から尊敬していた上司の筒井雄一郎さんは、次期社長候補のまま、一九八七年、出張中のオーストラリアで水泳中に亡くなりました。

特に大切な人との別れは、思うに任せないものです。

読者のなかにも、そう感じている人がいるでしょう。今現在、自分や配偶者の親との接し方や、介護や看取りの問題に直面して悩んでいる人も、少なくないと思います。

しかし、大切な人の死に目に会えるか会えないかは、運命としか言いようがありません。それよりも、生きているときにどういう関係で過ごしていたかのほうが、ずっと心に残るのではないでしょうか。

家族にせよ、仕事関係者にせよ、お互いが生きているあいだに相手を信じ、嘘をつくことがなければ、どちらが先に逝こうと、相手を大切に思う気持ちは通じているはずです。

もちろん、最期のときに会えるならそれに越したことはありませんが、人間、生きて働いて生活していれば、そんなに都合よく大切な人の死に目に立ち会えるとは限りません。

たとえ死に際に会うことがかなわなくても、それまでの人生で悔いのないように付

き合って、よい人間関係をもっていれば、心残りはないと思うほかありません。

人生は思いどおりにはならない

会社を定年退職したばかりの人が、「私は九〇歳まで生きることにしているんです。それを前提にして、あれをしよう、これをしようと計画を立てているところです」と話している場面に遭遇したことがあります。

そう考えるのはもちろん自由だし楽しいことでしょうが、私はそれを聞いて、あまり意味があるとは思えませんでした。

なぜなら、人生というのは明日どうなるか、誰にもわからないからです。

いつ会ってもエネルギッシュに仕事をしていた人が、ある日突然、病に倒れて寝たきりになってしまう。朝刊を広げたら、昨日テレビで見かけた芸能人の訃報が載っている。そうしたことは、しばしばあるものです。

人生、本当に何が起こるかわかりません。長い人生設計を思い描いたところで、ただの空想に終わるかもしれない。人間は、思いどおりに生きられるものではないのです。

一〇〇歳近くになって矍鑠(かくしゃく)としている人が、「私は自分の死に方を決めている。もう死ぬぞと思ったときは断食して、そのまま枯れるように死んでいくのだ」と言った、という話も聞いたことがあります。

自分の思いどおりに死にたい、ということなのでしょうが、常識外れと言うしかない。

思いどおりに生きられない人間が、死ぬときだけ思いどおりになるなどとは、子供の言うことでしょう。

どんな人でも死ぬときは一人

昨今、メディアには「絆」や「寄り添う」といった言葉が氾濫しています。そういう言葉がわざわざ持ち出されるほど、孤独を感じている人、孤独を恐れている人が増えているのでしょう。

「孤独死」という言葉は、そんな世相を象徴しています。

内閣府の「令和四年版高齢社会白書」によると、六〇歳以上の男女を対象とした「孤立死を身近な問題だと感じますか」という質問に対して、「とても感じる」「まあ感じる」と答えた人の割合は、全体で三四・〇%、一人暮らし世帯では五〇・七%と五割を超え、多くの人が孤独死に対する不安を抱えていることがわかります。

同白書によると、二〇二〇年時点で六五歳以上の人口に占める一人暮らしの人の割合は約二割でした。この割合は今後も増加し、二〇四〇年には五割近くになると見込まれています。そのため、「孤独死への不安は、今後ますます大きなものとなる」と予測する専門家もいます。

しかし、そもそも人間は、生まれてくるときも、死ぬときも一人です。たとえ夫婦が同時に死んだとしても、この世から消えていくのは、それぞれの肉体であり精神です。

死というものに、孤独も何もあったものではないのです。

「老年」と言われるようになって何年過ごすかは誰にもわかりませんが、不安をあおるような未来予測に、あまり惑わされないほうがいいと思います。それよりも、これからの日々の生活をゆっくり考えてみようではありませんか。

大切な人に思いを遺す

肉親以外に、死ぬ間際に私に言葉を遺してくれた人がいます。ある有名な会社の会長職を務めた方でした。

その方の「お別れの会」に招かれ、非常に重要な席に座らせていただきました。周りの人は皆、「丹羽さんは故人とそんなに深い関係にあったのか？」と思ったことでしょう。

そのとき私は、ご遺族から、「丹羽さんにだけ、差し上げます」と、一通の封書を渡されました。驚いたことに、それは彼がご家族にあてた遺言状の写しでした。しかもそこには、親族でもない私のことが書かれていたのです。短い文章でしたが、

「丹羽宇一郎さんには大変お世話になった。我々は口先だけのお付き合いではなかった。丹羽さんのことが忘れられない。自分が死んだときには、ぜひ彼に連絡をしてほしい」

といった内容でした。

自分はこれほど大切に思われていたのか——。私は感激で胸がいっぱいになりました。

もちろん、その封書は今でも大切に持っています。

心から大切に思う人に自分の思いを伝える手紙をしたため、そのことを家族に伝えておき、いざというときに渡してもらう――。そういう関係は素晴らしいと思います。

もし、あなたに大切に思っている人がいるなら、その人への気持ちを手紙に綴り、「自分が死んだら、この人に私の気持ちを伝えてほしい」と、家族に伝えておくとよいでしょう。

一行か二行の短い手紙でも、あなたの思いは十分に伝わるはずです。

慰霊の気持ちはどこからでも相手に届く

丹羽家の先祖代々の墓は名古屋にあり、兄が実家の隣町にあるお寺にお願いして、回忌法要をしています。昔は母が一所懸命に法事の準備をしてくれたので、私も参列して親戚と会っていましたが、今では名古屋まで行くのが大変になり、両親や祖父母の命日には自宅から手を合わせています。

元気な頃は、会社時代にお世話になった代々の部長や役員のお墓参りにも年に一度は必ず行っていましたが、今は自宅で冥福を祈っています。

毎年八月一五日に日本武道館で行われる全国戦没者追悼式のときには、「二度と再び戦争が起きないように」と自宅で願いながら、哀悼の意を表しています。

　肉親であろうがなかろうが、人が見ていようが見ていまいが、自分の行動を変えてはいけないと思います。体調を崩して大切な人の墓参に行けなくなっても、今いる場所で慰霊の気持ちを表せば、その思いは相手に届いていると、私は信じています。

　中国大使を務めていたときには、中国東北部の黒竜江省方正県（こくりゅうこうしょうほうまさけん）にある「日本人公墓」にお参りしました。

　かつて満蒙開拓団として大陸に渡った日本人のうち、約五〇〇〇人の遺骨を埋葬した日本人公墓が方正県にあると聞き、慰霊の墓参をしたいと中国政府に申し入れたのは、二〇一二年の秋でした。当時の日中間には尖閣諸島問題があったため、中国政府から、「あなたの身の安全を保証できないので、墓参には行ってほしくない」と言われました。

　しかし、日本の大使が、当地で亡くなった日本人を慰霊しないということがあるでしょうか。私は、「その話は聞かなかったことにしましょう。自分の意思で行きます」と中国側に告げました。墓参は自分自身の気持ちの問題なので、あえて外務省本省にも知らせず、秘書と二人で行きました。日本の政府高官が墓参に訪れたのは初めてだったようです。

日本人公墓に参拝した私は、この地で非業の最期を遂げられた日本人の死を悼むとともに、周恩来元総理への強い敬意を覚えました。民間人や女性たちとはいえ、自国にとって「侵略者」の身内だった人々の墓を建てて弔ってくれたのは、周元総理なのです。

周恩来は日中国交回復（一九七二年）を実現させた人物の一人として有名ですが、日本人公墓の建設を指示したことは、我が国ではほとんど知られていません。日本人にはこのように心優しい一面があるのです。日本人の多くは、「我々は他国の人よりも心優しい国民だ」と思っているようですが、それは単なる自惚れです。もっと多面的にものごとを見て、謙虚にならなくてはいけないでしょう。

「終活」はどこまで必要か

近年、地方自治体では、高齢者を対象とした「終活講座」のたぐいがよく行われていると聞きました。

終活とは、人生の終わりが近くなっていることを見越して持ち物を整理したり、死後、家族に迷惑をかけないように遺言状を作ったり、お墓の準備をしたりすることだそうです。自治体の「終活講座」で取り上げられるのも、相続税や贈与税のしくみ、遺言状の書き方、葬儀・お墓・家財整理などに関することが多いといいます。つまり、これらのテーマが高齢者の大きな関心事になっている、ということでしょう。

私自身は、名古屋にある丹羽家代々の墓には入らず、夫婦二人で墓に入るつもりで、ワイフと一緒に永代供養墓の契約をしました。自宅からわりと近くて子供たちが行きやすいところを選びました。

永代供養墓の契約と第二章で述べた書籍と仕事関係の資料の処分をした程度で、ほかに終活らしきことはしていません。もともと、本以外のモノはそうたくさん持っているわけでもなく、私が死ねば全部まとめて捨ててくれればいいだけのことです。

コロナ禍以降、葬儀を簡素化する家庭が増え、葬儀をせずに荼毘に付す「直葬（じきそう）」というケースも少なくないといいます。埋葬も、寺院や民間企業が運営する「お墓マンション」のような施設への納骨、樹木葬、散骨など、さまざまなスタイルがあるようです。

そうした選択肢から自分の望む葬儀や埋葬のスタイル、戒名まで決めて準備をしておく人もいるそうですが、私にはそういう希望も特にありません。葬式は、私が生前お世話になった人を呼んで普通にやってくれれば、それでいい。戒名も、家族が私らしいなと思うものをつけてくれれば、それでいいと思っています。

終活は一種のブームになっているようです。その背景には、以前に比べて、人に面倒をかけることに対する社会の許容度が小さくなり、世間の目が必要以上に厳しくなってきていることも影響しているのかもしれません。

もちろん、人に面倒をかけないに越したことはありませんが、人間である限り、誰かに面倒をかけてしまうのは、ある程度しかたのないことです。残された者にとって、遺品の片付けはたしかに面倒でしょうし、葬式の準備や執行には各方面への気遣いも要るでしょうが、人が亡くなるというのは、そういうものなのです。

自分が死んだあと家族の手を煩わせたくない、との気持ちから終活をするのは悪いことではありませんが、死後の始末に罪悪感を覚える必要はないと思います。

"人"の価値は最期のときに決まる

人間というのは、勝ち負けにこだわる生き物です。

競争社会で生きていくうちに、自分自身の勉強や仕事の成績、果ては子や孫の入学先や就職先まで、周囲に勝つことに意義があると信じ込んでしまう人は、少なくありません。自分や他人の人生を、収入や社会的地位から「勝ち組」「負け組」に分けて考えるような価値観も、根強く存在しています。

しかし、**人間の本当の幸福は、仕事でうまくいくとか、金持ちになるとかの物差しだけで測れるものではありません。**

俺は一流大学を卒業し、一流企業に就職して出世し、お金をたくさん稼いで、家族にさんざん贅沢をさせてやった。どうだ、偉いだろう。俺は勝ち組だぞ。ワハハ――と笑いながらあの世へ旅立つ。それだけの人生では、あまりにも寂しいですね。

人間にとって本当の幸福は、人生の最後に心安らかでいられることだと私は思います。

死ぬ間際に、家族や友人に「ありがとう」と感謝し、

「失敗もいろいろしたけれど、人を裏切ったり、傷つけたりすることはなかった。自分の人生は幸せだったな」

と清々しい気持ちになれるなら、最高の人生を送ったと言えるのではないでしょう

か。

その反対に、「出世して金持ちになったけど、家族や友人を傷つけ、たくさんの人を欺き、卑怯なこともずいぶんやってしまった。今さら詫びても、誰も許してくれないだろうな」と、後悔や反省をするようであれば、心残りのある人生になってしまいます。どれだけ世間的に成功しても、死ぬ間際に心残りを感じるような生き方は、幸せな人生だったとは言えません。

たとえ仕事がうまくいかなかったとしても、金銭的に豊かではなかったとしても、人として過ちを犯すことなく生き、

「ああ、よかった」

と、安堵の一息を遺して旅立てる人こそが、人生の真の勝利者だと思います。私もそうやって人生を終えたい。人間として誠実に生きることができたと思えれば、最高です。

いつか迎える最期のとき、私たちの死に顔が、それぞれの幸不幸を語ってくれることでしょう。

〝人〟の価値は、最後の最後に決まるのです。

おわりに――Do your best！

私はこれまで、与えられた人生のなかで、そのつどベストを尽くしてきました。仕事を優先して家族と一緒に過ごすことが少なかったのも、仕事に集中することが、そのときの自分のベストだと思っていたからです。だから後悔はしていません。ベストを尽くして行動した結果に「良い、悪い」はないのです。少なくとも私は、自分の信念に基づいてベストを尽くした結果が失敗だったとしても、「しまった、あんなことをやるんじゃなかった」とは思いません。それがその時点で私にできた最良のことで、それ以外にできなかったのですから、後悔や反省をする必要はない。ずっとそういう考え方で生きてきました。八五歳の今も、それは変わりません。

これが自分のベストだと自信をもって言えるのは五〇代頃からでしょうが、定年を機に、「七〇代になったら何をするか、八〇代になったら何ができるか」と先のことまで考えても、あまり意味はないように思います。それよりも、今どういう働き方や生き方をするか、目の前のことを判断し、そこに全力を注いでいくべきでしょう。

先のことは実際に七〇代、八〇代になってから考え、自分にできる最良の行動をすればいいのです。人生の集大成の時期に、日々、一挙手一投足にベストを尽くして生きている実感を得られれば、非常に大きな喜びになるでしょう。

第一章で、散歩中に小走りをして転んで顔を打ったことを述べましたが、これも、その時点での私のベストだったかもしれません。

もし、そこで転ばなかったら、もっと急な坂道で転倒して骨折していたかもしれないし、別の道を歩いてクルマに轢かれて死んでいたかもしれない。あそこで小走りしようと決めたのは、そのときの自分の"Best Judgment"だったと、前向きにとらえています。生死を問わず、私の上下左右すべての人生行動は、日常の行いの"Best Judgment"によるものであり、私以外の誰のせいでもない。心中や身体全体に刻まれた「信＋念」であると心得るべし。

過去・現在・将来、そしてこの世を超える未来永劫、自分以外のすべての人への責任を忘れることなかれ！

皆さんも、「自分の人生がここまでできたのは、日常の行いのなかで"Best Judgment"を続けてきたからだ。自分は毎日、ベストを尽くして生きている！」と、ポジティブに考えていこうではありませんか。

Do your best！

最後になりましたが、本書の完成にはフリーライターの竹内恵子氏、メディアアプレスの岡村啓嗣氏、講談社の黒沢陽太郎氏のご支援をいただきました。また、ニッセイ基礎研究所上席研究員の前田展弘氏には、シニア世代の働き方について貴重なお話をお聞かせいただきました。心から感謝申し上げます。

二〇二四年二月

丹羽宇一郎

主な参考文献

第一章

健康にいい歩数は人それぞれ
「一日四〇〇〇歩でも死亡リスク減」　毎日新聞　二〇二三年八月二六日夕刊

第二章

「学び」の機会は無限大
「奈良大通信教育部　関東のシニアに人気、文化財歴史学科」　毎日新聞　二〇二三年八月二三日朝刊

第四章

高齢でも現役でバリバリ働く人たち
【継続雇用型――九三歳でフルタイム勤務の総務課長】
玉置泰子さん
https://diamond.jp/list/series-books/soumukacho

https://mainichi.jp/articles/20230724/ddm/013/040/042000c

【他業種への再就職型――六七歳で二度目の再就職、ひ孫世代とともに働く】

本田民子さん

https://mainichi.jp/articles/20230915/k00/00m/040/397000c

【起業型――ワイナリー経営で地域に貢献する現役歯科医】

森谷尊文さん

https://vineyardtama.com/

https://www.tokyo-sk.com/news1/26090

https://camp-fire.jp/profile/VineyardTama

偉人に学ぶシニアの底力

星埜由尚『伊能忠敬　日本をはじめて測った愚直の人』二〇一〇年、山川出版社

永田生慈『葛飾北斎の本懐』二〇一七年、ＫＡＤＯＫＡＷＡ

講談社現代新書　2740

老いた今だから

二〇二四年三月二〇日第一刷発行　二〇二四年五月二九日第五刷発行

著　者　丹羽宇一郎　© Uichiro Niwa 2024

発行者　森田浩章

発行所　株式会社講談社

東京都文京区音羽二丁目一二―二一　郵便番号一一二―八〇〇一

電　話　〇三―五三九五―三五二一　編集（現代新書）

〇三―五三九五―四四一五　販売

〇三―五三九五―三六一五　業務

装幀者　中島英樹／中島デザイン

印刷所　株式会社新藤慶昌堂

製本所　株式会社国宝社

定価はカバーに表示してあります　Printed in Japan

N.D.C. 914　237p　18cm
ISBN978-4-06-532447-9

「講談社現代新書」の刊行にあたって

教養は万人が身をもって養い創造すべきものであって、一部の専門家の占有物として、ただ一方的に人々の手もとに配布され伝達されうるものではありません。

しかし、不幸にしてわが国の現状では、教養の重要な養いとなるべき書物は、ほとんど講壇からの天下りや単なる解説に終始し、知識技術を真剣に希求する青少年・学生・一般民衆の根本的な疑問や興味は、けっして十分に答えられ、解きほぐされ、手引きされることがありません。万人の内奥から発した真正の教養への芽ばえが、こうして放置され、むなしく滅びさる運命にゆだねられているのです。

このことは、中・高校だけで教育をおわる人々の成長をはばんでいるだけでなく、大学に進んだり、インテリと目されたりする人々の精神力の健康さえもむしばみ、わが国の文化の実質をまことに脆弱なものにしています。単なる博識以上の根強い思索力・判断力、および確かな技術にささえられた教養を必要とする日本の将来にとって、これは真剣に憂慮されなければならない事態であるといわなければなりません。

わたしたちの「講談社現代新書」は、この事態の克服を意図して計画されたものです。これによってわたしたちは、講壇からの天下りでもなく、単なる解説書でもない、もっぱら万人の魂に生ずる初発的かつ根本的な問題をとらえ、掘り起こし、手引きし、しかも最新の知識への展望を万人に確立させる書物を、新しく世の中に送り出したいと念願しています。

わたしたちは、創業以来民衆を対象とする啓蒙の仕事に専心してきた講談社にとって、これこそもっともふさわしい課題であり、伝統ある出版社としての義務でもあると考えているのです。

一九六四年四月　野間省一